Werner Thomas

W0048737

Mein Kind ist hochbegabt

Außergewöhnliche Begabung
erkennen und fördern

ECON Taschenbuch Verlag

Veröffentlicht im ECON Taschenbuch Verlag

Originalausgabe
© 1997 by ECON Verlag GmbH, Düsseldorf
Umschlaggestaltung: Klaus Blumenberg
Titelabbildung: ZEFA, Düsseldorf
Die Ratschläge in diesem Buch sind von Autor und Verlag sorgfältig erwo-
gen und geprüft; dennoch kann eine Garantie nicht übernommen werden.
Eine Haftung des Autors bzw. des Verlags und seiner Beauftragten für Per-
sonen-, Sach- und Vermögensschäden ist ausgeschlossen.
Gesetzt aus der Frutiger und Life
Satz: HEVO GmbH, Dortmund
Druck und Bindearbeiten: Ebner Ulm
Printed in Germany
ISBN 3-612-20570-6

Mein Kind ist hochbegabt

ECON Ratgeber

Zum Buch:

»Wunderkinder« nennt man sie im Volksmund, »Überflieger« in der Schule. Gemeint sind Kinder mit außergewöhnlichen intellektuellen oder musischen Begabungen; Kinder, die ganz offensichtlich schneller denken und lernen können als andere, die sich für nahezu alles und jedes interessieren, eine verblüffende Merkfähigkeit haben und Wissen geradezu aufsaugen wie ein Schwamm das Wasser.

Für viele von falschem Ehrgeiz geleitete Eltern ist es ein Wunschtraum, hochbegabte Kinder zu haben – und sie ahnen oft gar nicht, welche Schwierigkeiten für das Kind selbst und das gesamte Umfeld eine solche Situation mit sich bringen kann. Denn was manchen Außenstehenden wie ein besonderes Talent, als beneidenswertes Geschenk erscheint, das empfinden Eltern von Hochbegabten und wohl auch hochbegabte Kinder selbst manchmal eher wie ein besonderes Problem, einen Makel, einen Fluch.

Werner Thomas hat für dieses Buch viele Gespräche mit hochbegabten Kindern und ihren Eltern, mit Kindergärtnerinnen, Pädagogen und Psychologen geführt. Auf der Basis grundlegender wissenschaftlicher Veröffentlichungen zur Hochbegabung und eigener Erfahrung legt er hier einen praxisorientierten Ratgeber vor, der Eltern helfen soll, eine Hochbegabung frühzeitig zu erkennen und sinnvoll zu fördern, die richtigen Anlaufstellen zu finden und den schulischen und familiären Alltag zu bewältigen.

Der Autor:

Werner Thomas hat bereits mehrere erfolgreiche Ratgeber im medizinisch-psychologischen Bereich geschrieben.

Inhalt

Einleitung

Heute ist ein Sonntag im April 1996.

Meine beiden Söhne, der 13jährige Jan und der 10jährige Micha, spielen zusammen auf der Wiese Federball. Das ist ungewöhnlich und wohl nur dem warmen Sonnenschein nach einem langen Winter zu verdanken. Normalerweise zanken und streiten die beiden sehr oft und so intensiv miteinander, daß an ein Zusammenspiel nicht zu denken ist. Silke, die im nächsten Monat fünf Jahre alt wird, sitzt im Sandkasten und fertigt Sandkuchen. Ein bißchen ist sie jetzt noch sauer. Sie hatte sich heute morgen ein kurzärmeliges Sommerkleid angezogen. Weil es aber dafür noch zu kalt ist, mußte sie es wieder ausziehen und sich etwas Wärmeres suchen. Das hat sie überhaupt nicht eingesehen. Nein – wir haben heute nicht schon eine gemeinsame Hausmusik veranstaltet. Wir haben beim Frühstück keine Unterhaltung über philosophische oder literarische Themen geführt. Wir werden auch heute nachmittag nicht in ein naturwissenschaftliches Museum gehen oder uns gemeinsam eine Kunstausstellung anschauen. Wir verbringen einen ganz normalen Sonntag wie eine ganz normale Familie. Nachmittags werden Nachbarn zum Kaffee kommen. Jan und ich werden abends mit Sicherheit die Fußballergebnisse ansehen.

Was bei uns besonders ist, erschließt sich nicht auf den ersten Blick: Meine Kinder sind das, was man im schulischen Bereich gemeinhin »Überflieger« nennt – oder auch »Wunderkinder«. Wenn Jan und Micha dieses Wort hören, werden sie allerdings wütend. Sie empfinden sich nicht als Wunderkinder. Das, was sie von anderen unterscheidet, ist für sie selbstverständlich. Sie können ganz offensichtlich schneller denken und lernen als viele andere Kinder. Sie interessieren sich nahezu für alles und jedes, und sie haben eine Merkfähigkeit, die immer wieder verblüffend wirkt – als ob sie Wissen aufsaugen wie ein Schwamm das Wasser.

Jan zum Beispiel hat die sechste Klasse des Gymnasiums übersprungen. Mit seinen dreizehn Jahren steht er kurz vor dem Abschluß der achten Klasse. Ohne daß er irgend etwas dafür tut, was für uns spürbar wäre, erreicht er in den meisten Fächern Zweier- und Einsernoten, obwohl das Überspringen erst ein gutes Jahr zurückliegt. Lebenslustig und kameradschaftlich zugleich, kommt er mit allen anderen Schülern seiner Klasse gut zurecht. Sein bester Freund ist zwei Köpfe größer als er. Als Jüngster in der Klasse ist Jan Klassensprecher. Schon jetzt raten vereinzelt Lehrer dazu, ihn die elfte Klasse später auch überspringen zu lassen. Er könnte dann mit siebzehn sein Abitur machen.

Micha war erst neun, als er auf das Gymnasium kam. Er hat die dritte Klasse der Grundschule übersprungen. Sein jetziges Zeugnis: Zweien und Dreien. Dafür muß er in manchen Fächern einiges tun. Er ist schulisch also genau richtig eingestuft. Bei uns zu Hause kommt er uns vor wie ein wandelndes Lexikon, vor allem im naturwissenschaftlichen Bereich: Erdumfang? Abstand Erde–Mond? Ungefähre Temperatur 2000 m unter der Erdkruste? Wenn ich so etwas wissen will, brauche ich meist nur Micha zu fragen: er antwortet präzis und zuverlässig. In den Schulfächern drückt sich das nicht so sehr aus: Er hält sich zur Zeit schulisch bewußt etwas zurück. Lob und Bewunderung sind ihm eher peinlich. Er hat zwei Freunde und eine Freundin, aber oft spielt er lieber allein.

Weder Micha noch Jan konnten lesen, als sie in die Schule kamen. Silke kann es jetzt schon einigermaßen, mit knapp fünf. Sie schreibt auch selbständig kleine Sätze und Geschichten in Druckbuchstaben auf, fehlerhaft, aber lesbar. In der Schulzeit findet sie nichts schöner, als mit Micha zusammen Hausaufgaben zu machen. Sie würde schrecklich gern in die Schule gehen. Daß sie es noch nicht kann, akzeptiert sie so, wie Erwachsene irgendeine gesetzliche Regelung zähneknirschend akzeptieren, deren tieferen Sinn sie nicht einsehen: Mit fünf darf man eben noch nicht in die Schule, erst mit sechs darf man, basta. Gott sei Dank geht Silke aber auch noch gern in den Kindergarten, denn basteln, malen, singen, turnen und tanzen tut sie fast genauso gern wie lesen und schreiben.

Wenn Kinder so sind, spricht man von hochbegabten Kindern. Solche Kinder sind keine kleinen Erwachsenen und keine altklugen Streber, die immer alles besser wissen wollen als alle anderen. Sie zanken sich, sie sind albern, sie streiten, spielen, ärgern, lachen, freuen sich und sind traurig wie alle anderen auch. Das wird oft übersehen oder mißverstanden. Verständlich: Normalerweise liebt man die Eindeutigkeit. Hochbegabte verhalten sich aber eben nicht eindeutig. Ihr Aussehen, ihr Verhalten und ihre intellektuellen Fähigkeiten stehen oft in scheinbarem Widerspruch zueinander. Es kann sein, daß ein Dreizehnjähriger tagelang zu Hause und in der Freizeit nur frühpubertäre versaute Sprüche von sich gibt und trotzdem im Philosophiekursus der Oberstufe mit Gewinn für alle mitarbeiten kann. Es ist kein Widerspruch, wenn ein Zehnjähriger ziemlich sachgerecht über das Sozialverhalten der Wölfe berichtet, weil er darüber gerade in einer Fachzeitschrift gelesen hat, und am Abend trotzdem ohne Kuscheltier im Arm nicht einschläft. Und nur wer von Hochbegabung nichts weiß, wundert sich, wenn das sandkuchenbackende knapp fünfjährige Mädchen plötzlich völlig richtig bemerkt, es habe sich eben ausgerechnet, daß Papa in sieben Jahren fünfzig Jahre alt ist, aber Mama erst achtundvierzig. Leider wird oft fälschlicherweise vermutet, daß Hochbegabung automatisch Karriere und Lebenserfolg vorprogrammiert. Tatsache ist aber, gerade wegen der eben beschriebenen Schwierigkeiten: Was manchem Außenstehenden wie ein Talent, ein Geschenk, eine begnadete Fähigkeit erscheint, das empfinden Eltern von Hochbegabten und wohl auch hochbegabte Kinder selbst manchmal eher wie ein besonderes Problem, einen Fluch, einen Makel.

Ich persönlich brauche mich wenigstens nicht mit der Frage herumzuschlagen, woher um alles in der Welt meine Kinder diese Fähigkeiten haben. Mir selbst hat zuerst mein älterer Bruder und später meine Mutter Lesen und Schreiben beigebracht, als ich noch keine fünf Jahre alt war. Ein absolut glattes Einserzeugnis in der Grundschule und mühelose Leistungen im Gymnasium haben mir als Kind viel Bewunderung eingetragen. An die Möglichkeit, Klassen zu überspringen, hat damals keiner gedacht. Deshalb füllte ich jede Menge freier Zeit mit vielen eigenen Interessen. So habe ich mir mehrere sehr verschiedene Musikinstrumente selbst beigebracht und mit zwölf Jahren das Zehn-Finger-System auf der Schreibmaschine und Stenographie autodidaktisch erlernt. Als Erwachsener habe ich dann neben meinem Beruf mehrere Sachbücher in Fachbereichen geschrieben, die mit Ausbildung und Tätigkeit nicht das geringste zu tun haben. Wer als Außenstehender meinen weiteren Lebensweg hätte beobachten können, dem wären allerdings zwei Dinge aufgefallen, die in engem Zusammenhang mit dem »Überfliegen« in der Schulzeit zusammenhängen: Es war viele Jahre lang meine vorherrschende Grundhaltung, daß die allermeisten anderen Menschen dümmer seien als ich. Diese Haltung hat mir privat und beruflich ganz erheblich im Weg gestanden. Außerdem hatte ich die Erwartung, daß mir alles im Leben so leicht zufliegt wie das schulische Lernen. Erst durch mehrere schwere Erkrankungen habe ich lernen müssen, daß ich meine Kräfte immer wieder überschätzt habe – weil man zwar sehr viel wissen, aber nicht alles können kann.

Überschätzung könnte man auch vermuten, wenn ich hier so tue, als ob meine Kinder ihre Hochbegabung ausschließlich von mir hätten. Nun – der Lebensweg meiner Frau spiegelt ihre Fähigkeiten auf den ersten Blick nicht ganz so offensichtlich wider wie meine Biographie. Auch sie selbst hat erst in den letzten Jahren erkannt, was das bedeutet: Einzige Tochter eines einfachen Arbeiters und einer chronisch kranken Mutter, ohne eigenes Zimmer die Hausaufgaben am Küchentisch erledigend, zwei Monate vor dem sechsten Geburtstag eingeschult, trotz Kurzschuljahren nicht sitzengeblieben, Abitur noch vor dem achtzehnten Geburtstag – wer das schafft, muß entweder tierisch fleißig oder außergewöhnlich begabt gewesen sein. (Über allzuviel schulischen Fleiß bei meiner Frau kann meine Schwiegermutter jedoch nichts berichten.)

Man spürt vielleicht heraus: Die Hochbegabung unserer Kinder war für uns auch Anlaß, über uns selbst nachzudenken. Auch wir haben viele Jahre so getan, als wären wir wie alle anderen. Wir hätten es uns gewünscht, daß unsere Kinder durch die Schule laufen wie alle anderen. Anfangs sah es auch noch aus, als ginge das. Jan hatte sich zumindest die Grundschule noch einfach so gefallen lassen – mit etwas Langeweile, aber ohne viel Widerstand.

Unsere Kehrtwende haben wir Micha zu verdanken, unserem zweiten Sohn. Er zeigte schon in der ersten Klasse deutliche Zeichen von Unterforderung. Auf den Hinweis des Lehrers, daß Micha wohl eine Klasse überspringen könnte, wollten wir nicht hören. Das schien uns zu ungewöhnlich, zu ehrgeizig, zu »besonders«. Micha wurde aber dann so auffällig, so zappelig, nervös, kasperig und unruhig, daß wir Rat suchten: bei der Deutschen Gesellschaft für das hochbegabte Kind. Diesem Rat sind wir gefolgt. Wir haben Micha eine Klasse überspringen lassen. Wenige Monate später war er völlig verändert: zufrieden, ruhiger und ausgeglichener.

Heute kann ich nicht verstehen, weshalb ich so lange gebraucht habe, meinen Kindern ihre Besonderheit zuzugestehen. Auch Jans Überspringen einige Monate später verlief problemlos. Und der Rektor der Grundschule, die Silke mit Beginn ihrer Schulpflicht besuchen wird, meinte kürzlich zu mir: »Ihr drittes Sorgenkind werden wir gleich in die zweite Klasse einschulen, wenn es soweit ist. Wer will mir das verbieten?«

Ich behaupte nicht, daß wir mit unseren Kindern immer alles gut und richtig gemacht haben. Viele Erkenntnisse entstanden auch gerade aus den Kehrtwendungen, die nötig waren, weil wir uns mit bestimmten Vorstellungen verrannt haben, und aus der Beobachtung, wie sehr es danach besser ging. Vieles andere konnten wir nur richtig machen, weil wir vorher andere Menschen um Rat gefragt haben.

Hieraus entstand der Impuls für dieses Buch:

Es ist sehr persönlich, weil viele private Erlebnisse einfließen, ebenso wie Erinnerungen an die eigene Kindheit.

Es macht vor allem Aussagen über einen Bereich, über den sonst wenig gesagt wird: die familiäre Reaktion auf Hochbegabung, vor allem im Kleinkindalter, und die Kommunikation mit außerfamiliären Institutionen wie Kindergarten und Schule.

Es geht dementsprechend nur kurz auf das ein, worüber ich wenig wissen kann: Hochbegabtenförderung im Jugendalter und Lebensbewältigung in der Pubertät.

Und: Es beschreibt den Problemkreis »hochbegabte Kinder« aus einer Sichtweise »mittendrin«. Während ich dieses Buch schreibe, muß ich mich ständig und immer wieder auch praktisch damit auseinandersetzen. Die Kinder, meine Frau und ich selbst entwickeln uns weiter. Deshalb ist es nicht ausgeschlossen, daß hier manches steht, was ich in einigen Jahren vielleicht etwas anders akzentuieren würde.

Aus dieser Sichtweise folgt auch die Gliederung: Ich beginne nicht wie die meisten Autoren »vorweg mit etwas Theorie« über Begabung, Intelligenz, Hochbegabungsdefinition und abgrenzende Definitionen. Ich folge statt dessen dem Lebensweg des Kindes, wie ihn die Eltern erleben: vom ersten Erstaunen über möglicherweise ungewöhnliche Leistungen, vom immer sicheren Erkennen des Außergewöhnlichen bis hin zur Bewältigung der Begegnung mit außerfamiliären Institutionen – dem Besuch des Kindergartens und der unvermeidlichen Schule. Aus einer Fülle von Beobachtungen und Erlebnissen mit einem außergewöhnlichen Kind erschließt sich nämlich viel deutlicher, was mit dem Begriff Hochbegabung eigentlich gemeint ist – auf alle Fälle mehr, als man mit Intelligenztests messen kann.

Auch sonst habe ich mich um eine praxisorientierte Darstellung bemüht und deshalb wissenschaftliche fundierte Vorschläge darauf abgeklopft, ob sie im Alltag durchsetzbar und praktikabel sind. Denn: Es nützt Eltern nicht allzuviel, etwas über ein wunderbar funktionierendes Fördermodell an einem bestimmten Ort der Bundesrepublik zu hören. Wichtiger ist es, etwas darüber zu erfahren, wie man am jeweiligen Wohnort dafür sorgen kann, daß das eigene Kind mit der Sonderbedingung Hochbegabung angemessen berücksichtigt und gefördert wird. Dazu kann zwar der Bezug auf Dinge helfen, die irgendwo anders gut laufen. Entscheidend sind aber die Bedingungen und die Personen, die man »vor Ort« vorfindet, und die Möglichkeiten, sie zu beeinflussen.

Trotz dieses alltagsorientierten Vorgehens habe ich mir hier keine eigene Philosophie gebastelt. Meine Darstellung beruht auf den wichtigsten Aussagen der Hochbegabtenforschung, wie sie in den entsprechenden Veröffentlichungen zu finden sind. Aus vielen Gesprächen fließen die Erlebnisse anderer Eltern mit hochbegabten Kindern und die persönliche Meinung von Fachleuten ein, und ich habe das Manuskript einigen Leuten zur kritischen Korrektur gegeben, die sich sehr viel länger als ich und teilweise seit vielen Jahren professionell mit dem Thema beschäftigen. Ich danke an dieser Stelle allen, die, fast immer mit großer persönlicher Offenheit, in dieser Weise zum Entstehen dieses Buchs beigetragen haben. Obwohl die zeitlichen Anteile für die Hilfen sehr unterschiedlich waren und ich manchen Menschen mehr Anregung zu verdanken habe als anderen, wäre es ungerecht, einzelne Personen hervorzuheben. Es wäre auch ungeschickt. Denn etliche haben mir geholfen, obwohl sie in Einzelaspekten anderer Ansicht sind. Sie sähen sich dann in einen Zusammenhang gestellt, in den sie nicht gehören.

Natürlich habe ich mir aber für meine Gespräche meist Menschen gewählt, die eine ähnliche Lebenseinstellung haben wie ich. Das bestimmt die Sichtweise dieses Buchs: Einerseits soll vermittelt werden, daß Hochbegabung in Verbindung mit der Reaktion durch private Umwelt und öffentliche Institutionen wirklich zu einem Bereich für das Kind und für die Eltern werden kann, dessen Bewältigung oder Nichtbewältigung über das Lebensglück der ganzen Familie entscheidet. Andererseits liegt mir nichts daran, Hochbegabung vorwiegend als ein von der Gesellschaft vernachlässigtes Problem einer unberücksichtigten Minderheit zu beschreiben und das dementsprechend verbreitete Unverständnis zu beklagen. Ich glaube, daß entscheidende Weichenstellungen auch in der Familie geschehen, in der Kommunikation zwischen Eltern und Kindern. Deshalb habe ich mich auf das konzentriert, was jeder schon einmal selbst tun kann, bevor die Gesellschaft optimale Rahmenbedingungen schaffen wird. Ich fürchte nämlich, darauf zu warten würde nicht nur für meine Kinder, sondern auch für eventuelle Enkel zu lang dauern. Und: Ich möchte vermitteln, wieviel Spaß und Freude das Zusammenleben mit solchen Kindern macht, wenn man erst einmal akzeptiert, daß sie offensichtlich neben Luft zum Atmen, Essen und Trinken auch ständig neue Lern- und Denkanregungen brauchen – und uns Eltern auch wieder zurückgeben.

Dieses Buch ist im wesentlichen für »Einsteiger« gedacht, die sich mit dem Problemkreis Hochbegabung noch kaum beschäftigt haben. Es hat nicht den Anspruch, den gesamten Themenbereich abzudecken. Ich würde mich aber freuen, wenn es dazu beitragen kann, daß Eltern ihre Kinder mehr verstehen und daß andere Menschen mehr Verständnis für die Eltern hochbegabter Kinder bekommen. Denen, die sich schon viel länger und intensiver mit Hochbegabung beschäftigt haben, kann es vielleicht dabei helfen, in der Auseinandersetzung mit den hier vorgebrachten Meinungen ihre eigenen Erfahrungen noch einmal zu reflektieren und einzuordnen. Möglicherweise trägt es dann dazu bei, diese Erfahrungen an andere Eltern hochbegabter Kinder alltagsnah weiterzugeben. Lehrerinnen und Lehrern mag es die Möglichkeit geben, sich in das einzufühlen, was hochbegabte Kinder und ihre Eltern denken und empfinden. An Pädagoginnen und Pädagogen richtet sich aber auch ein gesondertes Kapitel.

Daß Hochbegabung ein wesentlicher Teil des Lebens ist, den man voll und ganz bejahen sollte, wenn man ihn bei sich selbst oder bei seinen Kindern erkannt hat – das ist eine Seite. Daß das Leben aus vielen anderen Aspekten besteht, ist die andere. In meiner Beschreibung unseres Frühlingssonntags ist das angeklungen. Weil ich mir selbst und meinen Kindern aber diese Familiennormalität weiter ermöglichen und bewahren will, habe ich für dieses Buch ein Pseudonym gewählt, und auch die Namen meiner Kinder habe ich verändert. Wer uns trotzdem erkennt, möge bitte unseren aus-

drücklichen Wunsch respektieren, mit unseren richtigen Namen verborgen zu bleiben!!!
Über Anregungen und Bemerkungen zu diesem Buch würde ich mich jedoch freuen. Fast immer beantworte ich solche Briefe auch. Bitte schreiben Sie dazu an die Adresse des Verlags, der so etwas bisher immer zuverlässig weitergeleitet hat.

ECON Taschenbuch Verlag
Kaiserswerther Str. 282
40474 Düsseldorf

Die Baby- und Kleinkindzeit

Jedes Kind ist etwas Besonderes

Der Frisör, zu dem unsere ganze Familie geht, ist ein unge-
wöhnlicher Mann. Neben dem Aufbau von mehreren Salons
hat er eine Zeitlang auch eine kleine kreative Szenekneipe
geführt. Auffällig ist seine Art, mit jedem seiner Kunden ins
Gespräch zu kommen, weit über die häufige Geschwätzig-
keit seines Berufsstands hinaus. Er ist an allem interessiert,
geht auf jeden kundig ein und bringt unaufdringlich auch
seine eigene Meinung ins Gespräch. Sie ist oft davon geprägt, die persönlichen Beweggründe hinter den Dingen zu
sehen. Dann will er wissen, warum sich der Kunde gerade
dieses Auto kauft und kein anderes oder warum ein anderer
es für nötig hält, sich über Jahre hinaus mit seinem Chef zu
streiten.

Als Jan und Micha jeweils eine Klasse übersprangen, fragte
er auch immer wieder interessiert nach. Daß die winzige
Dreijährige, die sich da ernsthaft und mit Fassung zum ersten Mal ihren Pony schneiden ließ, schon fast die Hälfte
aller Buchstaben sicher kannte, nahm er, mit fröhlich bewun-
derndem Kopfschütteln, sofort als selbstverständlich hin.

Kurz nach seinem vierzigsten Geburtstag hat unser Frisör
geheiratet. Seine Frau wäre sicher nicht begeistert gewesen,
wenn sie gehört hätte, was er schon vorher überall erzählte:

Kinder wären das Größte für ihn. Kinder bekommen und sie aufwachsen sehen, wäre für ihn ein absolutes Muß, sonst hätte er nicht geheiratet. Er hatte Glück. Bald kam das erste Kind, ein Mädchen. Über ihr Werden wurde schon vom zweiten Schwangerschaftsmonat an der Frisörsalon-Kundschaft ausführlich berichtet. Nach der Geburt bekam man die Haare nicht geschnitten, bevor man sich ein Album mit Kinderfotos angeschaut hatte.

Als das Mädchen ein knappes Jahr alt war, fragte mich mein Frisör, woran man denn sicher erkennen kann, ob ein Kind besonders talentiert ist. Seine Tochter würde ihn immer wieder verblüffen. Sie wäre für ihn das reine Wunder: wie sie beobachtet, was sie wahrnimmt, wie sie reagiert und einmal Gesehenes sofort wiedererkennt, was sie an Ausdrucksmöglichkeiten hat, ohne sprechen zu können, wie sie sich offensichtlich langweilt, wenn es einmal eine Zeitlang nichts Neues zu entdecken gibt, und wie sie auf jeden Erwachsenen anders und besonders eingeht.

Meine Antwort hat ihn sicher nicht enttäuscht. Ich sagte ihm: Genießen Sie es. Freuen Sie sich an diesem Kind, das sich offensichtlich so gut entwickelt. Beobachten Sie, was weiter passiert. Ob es aber wirklich ganz besonders talentiert ist, »hochbegabt«, wie man das verbreitet nennt? Das kann man zu diesem Zeitpunkt weder sicher sagen, noch könnte man es sicher ausschließen.

Weshalb ist das so schwierig? Einiges spricht dafür, daß die Tochter meines Frisörs wirklich ein außergewöhnliches Kind ist. Die Präzision und etliche Einzelbeispiele, mit der er ihr Verhalten beschrieben hat, weisen darauf hin: Dieses Kind verfügt schon jetzt über eine große Merkfähigkeit. Es ist ungewöhnlich interessiert an vielen verschiedenen Dingen. Es ist sehr wach. Dies besagt nicht nur, daß es nicht allzuviel schläft, sondern auch, daß es offen und aufmerksam seine Umgebung wahrnimmt und darauf reagiert. Es verlangt geradezu nach Anregungen. Es drückt Langeweile durch Nörgeln aus und ist durch neue Spielanregungen sofort wieder zufriedenzustellen. Alles das fällt außerdem auf fruchtbaren Boden. Das Mädchen hat offensichtlich eine liebevolle und aufmerksame Umgebung mit viel Zeit. Und schließlich: Ihr Vater ist offensichtlich ein kluger Mann, der durchaus auch etwas anderes hätte werden können als Frisör. Neugier, Kreativität, breites Einfühlungsvermögen, wache Aufmerksamkeit und vielseitiges Interesse bestimmen deshalb als Grundhaltung die Erziehung dieses Kindes. Sie können außerdem zusätzlich als Persönlichkeitseigenschaften vererbt worden sein.

Andererseits ist es natürlich nicht völlig auszuschließen, daß sich in den Beobachtungen, Beschreibungen und Empfindungen kaum etwas anderes ausdrückt als purer Vaterstolz. Dafür spricht, daß dieses Kind schon vor der Zeugung gewollt und herbeigesehnt war. Schon während der Schwangerschaft war deutlich: Hier wächst ein Kind heran, das für die Eltern einen Prinzen oder eine Prinzessin darstellen wird. Jeder sieht, daß dieser Vater sicher auch dann sein Kind herzlich lieben und vergöttern würde, wenn es behindert oder krank wäre. Schließlich: Mit seiner aufmerksamen Beobachtungsgabe und seinem Einfühlungsvermögen sieht und bewundert mein Frisör vielleicht bei seiner Tochter Eigenschaften und Verhaltensweisen, die bei jedem gesunden Kind vorhanden sind, aber von weniger aufmerksamen Eltern oder von Eltern mit weniger Zeit gar nicht wahrgenommen werden. Im übrigen hat er keine Vergleiche, denn wenn ich es richtig sehe, hat er vorher kaum jemals in seiner näheren Umgebung miterlebt, wie ein Baby aufwächst. Und außerdem: Die sehr enge Beziehung zwischen Eltern und Kind in den ersten Lebensmonaten sorgt grundsätzlich dafür, daß Eltern jeden kleinsten Entwicklungsschritt ihres Kindes sehr viel früher wahrnehmen können als irgendein Außenstehender.

Wer weit vor dem ersten Geburtstag seines Kindes danach fragt, ob es sich ganz normal entwickelt oder ob irgendwelche Besonderheiten zu entdecken sind, der sucht eigentlich Vergleichsmöglichkeiten mit anderen gleichaltrigen Babies.
Er fragt sich: Ist mein Kind weiter als andere? Ist es mit einigen seiner Fähigkeiten deutlich zurück? Ist das, was ich beobachte, noch »normal«? Oder weicht mein Kind ab? Kann es besonders viel oder besonders wenig? Vor allem will er auch wissen: Sagt diese eventuelle Abweichung etwas darüber aus, wie sich mein Kind weiter entwickeln wird?
Darüber Aussagen zu treffen ist im ersten Lebensjahr enorm schwierig. Zu unterschiedlich sind die Entwicklungen der einzelnen Kinder. Vor allem Prognosen über die zukünftige Entwicklung sind meist unmöglich. So gibt es Kinder, die sehr früh sitzen und laufen. Sie werden aber nicht unbedingt später zu Assen in Sport, und Kinder, die erst mit neun Monaten sitzen und erst mit anderthalb Jahren laufen, brauchen trotzdem in ihrer körperlichen Entwicklung nicht zurück zu sein. Sie können dann ihren »Rückstand« in der motorischen Entwicklung oft in kürzester Zeit einholen.
Ähnliches gilt für das Sprechen. Einige Kinder sprechen bereits mit acht oder neun Monaten über das Babyplappern hinaus die ersten Worte. Viele Eltern von hochbegabten Kindern erkennen im Rückblick den sehr frühen Beginn des verständlichen Sprechens als das erste Anzeichen der besonderen Fähigkeiten ihres Kindes. Das gilt besonders dann, wenn sich bis zum ersten Geburtstag bereits daraus kleine verständliche Sätze entwickeln. Es gibt aber durchaus auch früh sprechende Kinder, die später im Leben keine besonderen Fähigkeiten mehr zeigen, und es gibt einzelne hochbegabte Kinder, die ausgesprochen spät mit Sprechen begonnen haben.
Diese Beispiele ließen sich fortführen. Zusammenfassend gilt: Es gibt bei Kindern im ersten Lebensjahr keine Einzelbeob-

achtung, die als sicheres Kriterium darauf hinweist, daß hier ein hochbegabtes Kind heranwächst. Von bestimmten geistigen Behinderungen einmal abgesehen, gibt es in diesem Lebensalter genausowenig Merkmale und Eigenschaften, die mit Sicherheit ausschließen würden, daß das Kind später einmal über eine besonders gute Begabung verfügt.

Die folgenden Verhaltensmuster werden aber bei Kindern, die später einmal als hochbegabt angesehen werden, im Kleinkindalter besonders häufig wahrgenommen.

- Sie haben oft ein geringes Schlafbedürfnis. Schon nach wenigen Monaten kommen sie mit Nachtschlaf und einem Mittagschlaf aus, ohne zwischendurch weitere Schläfchen einzulegen. Manche schlafen schon als Kleinstkinder regelmäßig weniger als 10 Stunden am Tag, ohne dabei Spuren von Müdigkeit zu zeigen.

- Sie zeigen häufig offensichtliche Langeweile und verlangen nach ständiger Abwechslung, ohne dadurch unruhig zu werden.

- Sie lassen sich, wenn sie quengelig sind, mehr durch neue Anregungen und Ablenkungen als durch Trösten beruhigen.

- Sie beobachten ganz offensichtlich ihre Umgebung. Ereignissen und Geschehnissen zuzuschauen ist für sie ähnlich anregend wie der Umgang mit Spielzeug oder mit den Eltern.

- Sie reagieren schon Monate, bevor sie das erste Wort sprechen können, auf gesprochene Anweisungen und Bemerkungen sachgerecht und mit offensichtlichem Verständnis.

- Sie können sehr häufig schon vor dem ersten Geburtstag das erste Wort und bald danach die ersten Sätze sprechen.

All diese Beobachtungen sind und bleiben aber im ersten Lebensjahr sehr subjektiv. Ihre Beschreibung ist oft von der Wahrnehmung der Eltern mehr abhängig als von den objektiv zu beobachtenden Gegebenheiten. Das betrifft auch den

Sprachbeginn: Vielleicht benennt ein Kind mit acht Monaten durch die Laute »ba«, »u«, »u-a«, »i-a« und »eia« bereits regelmäßig, präzis und sachgerecht einen Ball, die Uhr, den Computer, das Klavier und den Hund Leila. Dann kann es sprechen. Das gibt es, und es ist in diesem Alter erstaunlich. Aber so etwas können erst einmal nur die Eltern wahrnehmen und sicher wissen.

Wenn Sie darüber mit anderen Eltern von Kleinkindern reden wollen, dann wird ihnen sicher um so mehr geglaubt, wenn sie das nicht im Brustton des stolzen Wissens um eine große Zukunft ihres Kindes erzählen, sondern freundlich berücksichtigen, daß das Kind ihres Gegenübers ebenfalls eine erstaunliche Leistung vollbringt, weil es im gleichen Alter bereits allein mit dem Löffel ohne viel Kleckern essen kann, während Sie Ihr Kind noch füttern müssen. Denn: Die große Unterschiedlichkeit der Entwicklung im Kleinstkindalter gibt allen Eltern zu Recht Anlaß dazu, in ihrem Kind etwas ganz Besonderes zu sehen und auf jeden einzelnen Fortschritt ihres Kindes stolz zu sein, ohne daß dabei gleich der statistische Leistungsdurchschnitt für das jeweilige Gebiet und das jeweilige Alter herangezogen werden muß.

Jemand, der sehr viele hochbegabte Kinder kennt und ihre Entwicklung im Kleinstkindalter beobachten konnte, würde meinem Frisör vielleicht sagen können, ob aus seiner Tochter aller Wahrscheinlichkeit nach ein besonders begabtes Kind werden wird.

Wäre dieses Wissen aber in irgendeiner Hinsicht für ihn wichtig? Meiner Ansicht nach nicht: Denn in einer Mischung aus etwas übertriebenem Stolz, aus Liebe und aus Freude über das Mädchen scheint seine Familie alles richtig zu machen, was man sich für jedes Kind nur wünschen kann:

Dieses Kind bekommt die Anregungen, nach denen es verlangt. Es wird nicht zum Schlafen weggelegt, wenn es offensichtlich nicht müde ist. Mit eigenem Vergnügen probieren die Eltern Dinge aus, die sie ihrer Tochter zutrauen, auch wenn das nicht altersgemäß erscheint. Sie sprechen mit ihr vernünftig und können sich sicher sein, daß ihr Kind sie versteht. Was das Mädchen interessiert und was nicht gefährlich ist, darf es ausprobieren. Wenn man genau zuhört, bekommt man den Eindruck, daß eigentlich das Kind selbst die Eltern mehr lenkt und leitet, als daß es gezielt angeregt oder gefördert würde.

So ein sicheres Grundvertrauen, daß man es als Eltern verstehen kann, wenn auch ein sehr kleines Kind seine Bedürfnisse richtig und angemessen äußert, ist bewundernswert. Es wäre allen Eltern hochbegabter Kinder zu wünschen.

Vertrauen Sie deshalb ruhig darauf: Sie irren sich nicht, wenn Sie mehr als einmal erlebt und empfunden haben, daß Ihr fünf Monate altes Kind sie gezielt beobachtet und nachdenkt. Sie haben recht, wenn Sie den Eindruck haben, daß Ihr Kind die drei Bausteine nicht nur gegeneinanderschlägt, sondern offensichtlich damit experimentiert und überlegt: Wann fällt der oberste Stein, wann fällt er nicht? Welcher ist schwerer, der rote oder der gelbe? Ihr Kind spielt nicht nur an seinen Füßen. Es versucht tatsächlich, seine Strümpfe auszuziehen. Der Laut »ma« heißt tatsächlich Mama – und es wird vom Kind auch gesagt, wenn der Vorname der Mutter fällt oder »Frau Sowieso« gesagt wird.

Ja – es ist möglich, daß Ihr Kind erheblich mehr weiß, versteht und ausprobiert, als Sie es in diesem Alter für möglich gehalten haben. Ja – es ist auch möglich, daß sie ein hochbegabtes Kind haben. Ja – die besonderen Eigenschaften und Fähigkeiten Ihres Kindes dürfen sie jetzt schon bewundern, genießen und sich daran freuen.

Aber: Dieses Wissen und die Freude daran sollten Sie erst einmal für sich behalten und im engsten Familienkreis genießen. Jedes Kind ist etwas Besonderes und kann etwas Beson-

deres. Sie tun weder sich selbst noch dem Kind noch irgend
jemand anderem einen Gefallen, wenn Sie über eine mögliche Spitzenbegabung Ihres Kindes zu intensiv sprechen, bevor das nicht nur für Sie, sondern auch für andere ganz offensichtlich ist.

Alles, was in dieser Altersstufe für jedes Kind gut ist, ist auch
für Ihr Kind richtig. Sie sollten die Aufmerksamkeit und das
Interesse des Kindes bemerken und darauf eingehen. Sie sollten liebevoll und flexibel sein und das Kind so nehmen, wie
es ist, ohne nach irgendwelchen vorgegebenen Normen zu
handeln, wie ein Kind sein sollte und sich zu verhalten hat.

Darüber hinaus können und sollen Sie eine eventuelle
Hochbegabung Ihres Kindes in dieser Altersstufe nicht fördern – schon gar nicht auf ein Ziel hin, das Sie selbst für Ihr
Leben als wichtig erachten: eine bestimmte Berufsvorstel-
lung, eine bestimmte Neigung, eine bestimmte Lebenshal-
tung.

Ob Ihr Kind einmal Arzt wird, Klaviervirtuose, Industriechef,
Nobelpreisträger oder Minister, das haben Sie nicht in der
Hand. Hochbegabung ist keine Garantie für Karriere und
keine Eintrittspforte in die bessere Welt. Hochbegabte sind
auch Clowns geworden oder »brotlose Künstler«. Andere
sind politisch aktiv geworden und haben für ihre mutig vor-
gebrachte Überzeugung in Diktaturen frühzeitig sterben müssen. Einige leben im Einklang mit sich und der Welt abge-
schieden in Klöstern. Weitere Hochbegabte leben ganz
normal mit ganz normalen Berufen, ausgeglichen und zufrieden, mitten unter uns. (Ich habe mitunter den Verdacht:
Auch mein Frisör gehört dazu.)

Nicht auf den gesamten Lebensweg, aber doch auf die ersten
Lebensjahre Ihres Kindes haben Sie Einfluß. Diesen Einfluß
sollten Sie nutzen, um Ihr Kind zu unterstützen und zu ermutigen, damit es nicht schon früh über die Steine stolpert,
die unsere Gesellschaft grundsätzlich all denen in den Weg

zu legen scheint, die etwas anders sind als der große Durchschnitt.

Denken, Verstehen, Begreifen, Sprechen, Erleben und Verarbeiten

Das ist ein uralter Witz: »Meine erste Erinnerung? Ich saß im Kinderwagen. Vom Himmel fielen große, weiße Flocken. Gerade wollte ich meine Eltern fragen, was das ist und wie das heißt – da fiel mir ein, daß ich noch gar nicht sprechen konnte.«

Fast jeder versteht, was hieran lustig ist: Ein solches Nachdenken über Sachverhalte und über Sprache ist eben eigentlich nicht möglich, ohne daß man sprechen kann. Eltern mit hochbegabten Kindern sind da allerdings nicht so sicher. Was jedem anderen im Umgang mit Kleinkindern auffallen müßte, wird ihnen besonders klar: Denken, Verstehen und Begreifen finden auch statt, bevor alles das in Begriffe gefaßt werden kann, was man erlebt.

Man kommt schon aus dem Staunen über die Lernfortschritte eines völlig normalen gesunden Babys eigentlich nicht heraus. Zu faszinierend ist es zu beobachten, wie manchmal in wenigen Tagen vom Baby etwas beherrscht und geleistet wird, was kurz vorher völlig unmöglich war. Deshalb ist es ganz verständlich, daß Eltern manchmal dann einen Schauder des Entsetzens spüren, wenn sie bei ihrem Kind Fähigkeiten entdecken, die einfach noch gar nicht da sein können: Ein Einjähriger ordnet die Wortkarten aus dem Lernspiel seiner älteren Schwester richtig den Abbildungen zu. Ein Zweijähriger stellt einzig und allein nach mehrfacher Beobachtung eines Tages plötzlich sein Glas Milch in die Mikrowelle und programmiert das Gerät auch richtig. Ein acht Monate altes Kind fängt plötzlich an zu weinen – offensichtlich deshalb, weil über das Sterben eines Verwandten gesprochen wird.

Überhaupt: Was denken diese Kinder, wenn sie einen über mehrere Minuten lang anstarren, während man irgendeine alltägliche Verrichtung tut? Wie lange grübeln sie über die wörtliche Bedeutung von Redensarten, wie »bloß jetzt nicht den Kopf verlieren«, »ich brech gleich zusammen« oder »das hängt mir zum Hals heraus«? Was überlegen sie, wenn sie eine lange Weile still vor Bauklötzen oder anderem Spielmaterial sitzen und dann zielstrebig, planvoll und systematisch etwas erstellen, was ihnen vorher weder vorgemacht wurde noch aus irgendeiner Abbildung bekannt war?

Alle Eltern von hochbegabten Kindern haben bestimmte Schlüsselerlebnisse in Erinnerung, durch die bei ihnen zum ersten Mal eine Ahnung auftauchte, was bei ihrem Kind alles möglich ist. Jan brachte zum ersten Mal mit vier Monaten mit der Hand eine Rolle am »Babyflipper« zum Drehen. Nicht die Geschicklichkeit dabei fiel uns auf: Was uns schockte, war die klare Beobachtung, daß er dieses Drehen immer und immer wieder deshalb wiederholte, um uns eine Freude zu machen – vor allem dann, wenn wir darüber sprachen, wenn wir es sehen oder jemand anderem zeigen wollten und ihn bewunderten.

Über Michas Bett hing an einer langen Schnur ein Spielzeug. Mit sechs Monaten schubste er dies immer wieder an, fast stundenlang, aber nicht ungezielt. Es war ganz offensichtlich: Er experimentierte herum, wartete immer bis zum Ausschwingen des Pendels, bevor er es neu anstieß, und gab dem Pendel nach mehreren Versuchen eine andere Richtung. Silkes frühe Entwicklung beobachteten wir wohl nicht mehr mit der gleichen Aufmerksamkeit. Sie fiel uns erst auf, als sie mit zweieinhalb Jahren selbstverständlich und sicher rechts und links unterscheiden konnte, ohne daß wir irgendeine Erklärung dafür hatten, und kurz danach die ersten Buchstaben sicher beherrschte.

Über die genauen Abläufe kann man wohl keine verläßlichen Beschreibungen geben. Man darf sich aber sicher sein, daß Denken, Begreifen und Verstehen weiter im Vorfeld des Sprechenkönnens stattfinden. Sie gehen nach dem Spracherwerb weit über das hinaus, was das Kind unmittelbar ausdrücken kann. Bei hochbegabten Kindern darf man ohne weiteres davon ausgehen, daß sie schon sehr früh fast alles aufnehmen und begreifen, was um sie herum geschieht und gesprochen wird. Das bedeutet aber: Man sollte sehr viel vorsichtiger sein, wenn man beim Sprechen oder Tun voraussetzt, daß das Kind es noch nicht versteht. Das bezieht sich zum Beispiel auf Gespräche über das Kind, über eigene Sorgen, Nöte und Belastungen, aber auch auf das unbedachte Laufenlassen des Fernsehers mit Nachrichten, Krimis oder anderen spannenden Filmen. Trotzdem wird nicht zu verhindern sein, daß solche Kinder vieles aufschnappen und verarbeiten müssen, was in dieser Form für sie nicht bestimmt ist und auch kaum zu verarbeiten ist.

Als Eltern von hochbegabten Kindern sollte man sich außerdem klar machen, daß frühes Denken, Begreifen und Verstehen gleichzeitig sehr oft frühes Erinnern beinhaltet. Vieles von dem, was normalen Menschen als Erinnerung aus dem Kleinkindalter verlorengeht, bleibt bei Hochbegabung erhalten.

Meiner frühesten Erinnerung habe ich nachforschen können. Ich lag krank auf dem Sofa im Wohnzimmer. Mein Vater ging weg. Als er zurückkam, brachte er unser erstes Radio mit, das auf eine bestimmte Ablage im Zimmer gestellt wurde. Von der Musik war ich begeistert. Jemanden sprechen zu hören, den ich nicht sah, beunruhigte mich. Die Rechnung für das Radio habe ich viele Jahre später finden können. Das Datum stimmt mit meiner heftigen Masernerkrankung überein, an die sich meine Mutter erinnern konnte. Ich war damals ein Jahr und zwei Monate alt. – Jan berichtete erst kürzlich von Einzelheiten bei der Beerdigung seines Opas, die seitdem nie wieder erwähnt worden waren: Er war damals anderthalb Jahre alt. Ich selbst kann mich ab dem zweiten Lebensjahr ziemlich geschlossen an mein Leben erinnern. Diese Erfahrung deckt sich mit dem, was etliche andere erwachsene Hochbegabte von sich berichten. Wenn man das Leben an dem mißt, woran man sich erinnern kann, dann ist das gewonnene Lebenszeit. Leider sind die frühen Jahre aber oft erfüllt von Verletzungen durch Unkenntnis und Unachtsamkeit, denn oft nimmt eben niemand wahr, wenn ein recht kleines Kind, weit über sein Sprechvermögen hinaus nahezu alles aufnimmt, begreift und zu verarbeiten versucht.

Das ist wichtig: Bei hochbegabten Kindern gelten die allgemeinen Vorstellungen von altersgemäßer Entwicklung nicht. Einzelne Elemente, die eine Persönlichkeit formen und prägen, entwickeln sich bei ihnen nicht synchron. Sie ergänzen sich nicht im jeweils passenden Alter, sondern sie stehen sich teilweise im Wege.

Das Ausführen von längst verstandesmäßig begriffenen und geplanten Sachverhalten kann einem Kind unmöglich sein, wenn die kindliche Motorik zu diesem Zeitpunkt noch nicht entwickelt genug ist. Dann ärgert sich das Kind, weil es nichts von seinen Ideen und Plänen so verwirklichen kann, wie es möchte – nicht schreiben, kein Modellboot bauen und die Skizze vom Dinosaurier nicht so hinbekommen, daß auch die Anzahl der Wirbel stimmt. In so einem Fall braucht es keine Denkverbote (»beschäftige dich lieber mit dem, was du kannst«), sondern Hilfen bei der Ausführung seiner Pläne.

Verstandesmäßiges Verstehen und emotionales Verarbeiten können bei hochbegabten Kindern weit auseinanderklaffen.

Das Kind registriert, daß in der Welt Krieg ist, es hat aber noch keine Vorstellung davon, wie real die Bedrohung für es selbst ist. Es hört mehrfach von Flugzeugabstürzen, aber es kann mit niemanden darüber sprechen, daß es sich vor dem Flug in den Urlaub fürchtet, weil alle nur beruhigend sagen: »Hab keine Angst, wird schon nichts passieren« – oder gar: »Worüber die Kleine sich nur schon Gedanken macht!« Solche Kinder brauchen emotionale Hilfen, um sich in ihrer Welt zurechtzufinden und um nicht vor lauter Unglück und Unrecht zu verzweifeln.

Manche hochbegabte Kinder holen sich ihren seelischen Halt ganz automatisch. Sie orientieren sich sehr eng an einer einzigen Person und versichern sich immer wieder auch der körperlichen Nähe, vor allem in fremder Umgebung und dann, wenn sehr viel Neues und Unbekanntes auf einmal auf sie einströmt. Das ist keine Verhaltensstörung, bei der man gegensteuern sollte. Es ist für diese Kinder pure Notwendigkeit in Situationen, wo intellektuelles Verstehen mit der emotionalen Bewältigung nicht Schritt halten kann.

Aber es gibt auch hochbegabte Kinder, die nicht ganz so deutlich zeigen, wie sehr sie die Unterstützung eines Erwachsenen brauchen, um ihre Welt verstehen und bewältigen zu können. Auch sie sind aber durch das Auseinanderklaffen verschiedener Entwicklungsbereiche gefährdet. Auch sie brauchen besondere Aufmerksamkeit. Ein bißchen unterstützen kann man hier auf alle Fälle mit Zuwendung, Liebe, Hilfe und Halt – manchmal deutlich über das Maß hinaus, was als »normal« gilt.

Dem hochbegabten Kind helfen, seine ernsthaft verfolgten Ideen zu verwirklichen – dazu gehört auf Seiten der Erwachsenen etwas Mut, auch Dinge zu tun, die von anderen als übertrieben, unnütz und überflüssig angesehen werden könnten: das Kind auf dem Computer schreiben lassen, wenn es mit dem Stift noch nicht richtig umgehen kann; ein Modellflugzeug nach den Anweisungen des Kindes zusammenbasteln; den Angelschein machen, weil das Kind seit dem zweiten Geburtstag über Jahre hinweg sehnsüchtig jedem Angler zuschaut und vom Angeln träumt.

Das Kind zu stützen, weil es seelisch nicht alles bewältigt, was es schon längst versteht – das bedeutet: Neben der Fülle von Anregungen, Wahrnehmungen, Lernanreizen und Aufregungen, die sich für hochbegabte Kleinkinder automatisch und unabänderlich ergeben, müssen für den seelischen Bereich stabilisierende und gleichbleibende Elemente treten – kein hektischer Tagesablauf, sondern viel Zeit; kein dauerndes Hasten von Bekannten zu Freunden, von Freunden zu Verwandten, sondern ein intensives Erleben der Fülle, die sich in den Zimmern des eigenen Zuhauses anbietet; Familienrituale, wie gemeinsames Essen, gemeinsame Spiele, Ins-Bett-Bringen und Geschichten erzählen; keine ständig wechselnden »Beziehungskisten« der Eltern, sondern stabile und vertrauenswürdige Verhältnisse. (Damit will ich keine Heile-Welt-Familienidylle propagieren, und ich betone: Stabile und vertrauenswürdige Verhältnisse für ein Kind können nach einer Scheidung und mit nur einem Elternteil eher bestehen als in einer wirren Ehe, die nur dem Schein nach aufrechterhalten wird.)

Hochbegabte Kinder sind keine kleinen Erwachsenen, und ein zweijähriges Kind ist kein Schüler, auch wenn es annähernd so viel zu verstehen scheint. Sie sind vor allem sehr junge *Kinder*, und dementsprechend haben sie das Recht, in dem Ausmaß Hilfe und Geborgenheit zu erhalten, das sie mit ihren besonderen Fähigkeiten und Problemen benötigen – nicht mehr, aber auch nicht weniger.

Etwas Besonderes wird oft nur schwer verstanden

Die meisten Eltern wären sicher herzlich gern bereit, sich auf die besonderen Fähigkeiten und Probleme ihres Kindes einzustellen und ihm entsprechende Hilfen zu geben – wenn sie diese besonderen Probleme und die entsprechenden Hilfen nur kennen würden!

Fragt man aber Eltern, die die Hochbegabung ihres Kindes etwa erst im Verlauf der Grundschulzeit oder gar noch später als ein wesentliches Element der Entwicklung entdeckt haben, dann wird deutlich: Viele von ihnen haben vor allem im Kleinkindalter des Kindes bis zum Eintritt in den Kindergarten die meisten Hinweise überhaupt nicht gesehen, aus denen sie das Besondere ihres Kindes hätten ableiten können. Deshalb war es ihnen auch nicht möglich, ihrem Kind angemessen zu helfen.

Schlimmer noch: Nicht selten muß man rückblickend zugeben, daß man selbst im engsten familiären Kreis die Anzeichen völlig mißdeutet hat, die als erste Signale auf ein hochbegabtes Kind hinwiesen: Man hat völlig falsch darauf reagiert und mit bestem Wissen und Gewissen der Entwicklung seines Kindes geradezu im Wege gestanden. Ich schließe mich selbst und meine Familie nicht aus: Auch unsere eigenen Kinder haben uns an den Rand der Verzweiflung und des völligen Unverständnisses gebracht, mit Eigenschaften, die wir heute als typisch für hochbegabte Kinder ansehen. Wir haben falsch reagiert – mit Schimpfen, mit Drohungen und mit Einschränkungen –, weil wir uns in Einzelsituationen nicht mehr anders zu helfen wußten. Dementsprechend kann ich es auch gut verstehen, wenn ich heute davon höre, daß andere Eltern mit hochbegabten Kindern bereits vor dem zweiten Geburtstag Erziehungsberatungsstellen aufgesucht haben, weil sie ganz einfach völlig an der einigermaßen normalen Entwicklung ihres Kindes zweifelten und Hilfe für sich selbst suchten.

Dies sind einige der Eigenschaften, die, neben einer sehr frühen und umfassenden Sprachentwicklung, immer wieder als Elemente beschrieben werden, von denen jeweils mehrere bei hochbegabten Kindern sehr früh, sehr intensiv und sehr ausgeprägt auftreten:

- Wachheit und Neugier
- Phantasie, Kreativität und Humor
- Beobachtungs- und Kombinationsgabe
- Ausdauer und Zielstrebigkeit

Selbstverständlich sind nicht alle diese Eigenschaften bei jedem hochbegabten Kind gleichzeitig und gleich ausgeprägt vorhanden, und die meisten von ihnen erscheinen auf den ersten Blick als wünschenswerte Fähigkeiten, die von allen Eltern gefördert und begrüßt werden müßten.

Wie sehr sie aber gerade bei hochbegabten Kindern in ihrer intensiven Ausprägung – mit bester Absicht von Seiten der Eltern – mißverstanden und eher als Störung denn als Bereicherung begriffen werden können, möchte ich einmal einzeln betrachten.

Wachheit und Neugier – wenn diese Eigenschaften ausgeprägt vorhanden sind, dann hat man ein Kind, das einen »rund um die Uhr« beschäftigt und das rund um die Uhr beschäftigt werden will! Einige hochbegabte Kleinkinder haben ein deutlich geringeres Schlafbedürfnis als normale Erwachsene. Sie können mühelos und ohne zu ermüden von früh morgens bis spät abends von einer Aktivität zur anderen wechseln. Sie brauchen das geradezu. Häufig spontan fehlgedeutet wird so ein Verhalten als »Überdrehtsein«. Ihm wird begegnet mit zwangsweisem Mittagsschlaf und festen Schlafzeiten. Die freudige abendliche Zuwendung zu einer weiteren Aktivität wird rigoros beendet: »Jetzt muß aber endlich Schluß sein.« Manchen Kindern werden Beruhigungsmittel gegeben. Sie werden als hyperaktiv bezeichnet und behandelt. Andere werden auf Auffälligkeiten in den Hirnströmen hin untersucht, meist ohne Ergebnis. Wenn ein Partner innerhalb einer Ehe sehr deutlich auf das erhöhte Aktivitätsmuster des Kindes eingeht, kann er oft mit Vorwürfen des anderen rechnen: »*Du* bist schuld, daß das Kind so überdreht ist. Du läßt es ja nicht zur Ruhe kommen.« Schade für das hochbegabte Kind: Es kann nichts dafür, daß es aktiver ist als andere. Es braucht mehr Anregung und Aktivität, so wie ein großes und kräftiges Kind mehr Nahrung braucht als ein kleines und zartes. Die Eltern sollten sich deshalb nicht damit beschäftigen, wie ein sehr aktives Kind ruhiger zu stellen ist. Sie brauchen sich nicht darüber zu streiten, wer am Verhalten des Kindes schuld ist. Viel besser könnten sich die Eltern gemeinsam darüber auseinandersetzen, wie sie diesem Kind gerecht werden, ohne selbst dadurch überfordert und aufgefressen zu werden.

Phantasie, Kreativität und Humor – mit einer besonderen Ausprägung dieser Eigenschaften hat man ein Kind, das buchstäblich mit keiner Sache so umgeht, wie man es erwartet: Blumentöpfe werden zu Hüten, Regenschirme zu Wasserauffangbecken, Klobürsten zu Kämmen, Tische und Stühle zu Klettergeräten. Elektrogeräte werden in Einzelteile zerlegt, und selbst Stromstöße schließen eine Wiederholung nicht aus. Regenwürmer werden heimlich für Dressurversuche gesammelt. Teure Gebrauchsgegenstände werden mit Fingerfarben bemalt. In ausgedehnten Experimenten mit entsprechenden Ergebnissen wird untersucht, weshalb Klopapier in der Toilette verschwindet, Handtücher und Zahnbürsten aber nicht. Das Kind erzählt von Erlebnissen und Ereignissen, die möglicherweise völlig aus der Luft gegriffen sind, aber auf den ersten Blick Hand und Fuß zu haben scheinen. Es hat zu jedem Thema, das es im Gespräch von

Erwachsenen aufschnappt, etwas zu sagen. Keine noch so kleine Geschichte kann erzählt oder vorgelesen werden, ohne daß das Kind nicht einen anderen Lösungsvorschlag hat oder einen andern Verlauf viel besser oder lustiger findet. »Michel aus Lönneberga« von Astrid Lindgren ist so ein Typ.

Solche Kinder wirken auf Eltern oft wie reine Nervensägen. Nicht die Vielzahl und die Originalität der Einfälle wird wahrgenommen, sondern hauptsächlich der störende Charakter. Im Urteil der Eltern haben die Kinder »nichts als Blödsinn im Kopf«. Nichts liegt deshalb näher, als ihnen zunehmend den Umgang mit allem möglichen zu verbieten und sie immer wieder darauf hinzuweisen, wie dumm sie sich nun wieder benommen haben. Ein Kind, das trotz mehrfacher Ermahnung wieder einmal seiner Phantasie und Kreativität nachgeht und »völlig unmöglichen und undurchdachten Unsinn« anstellt, muß mit Ermahnungen und Strafen rechnen. Schade für das hochbegabte Kind: Es braucht eigentlich sehr viel Unterstützung und Anleitung, um mit seinem überbordenden Vorstellungsvermögen umzugehen. Es braucht Hilfe, aber keine Verbote, wenn es dabei darum geht, Gefährdungen und Beschädigungen zu vermeiden. Seine Ideen sind kein Blödsinn und keine Dummheiten. Sie sind Ausdruck seines gedanklichen Leistungsvermögens, dessen Ergebnisse natürlich um so eher mit der Erwachsenenwelt kollidieren müssen, je jünger es ist und je weniger Orientierungshilfen es bekommen hat.

Beobachtungs- und Kombinationsgabe – ein kleineres Kind mit diesen Eigenschaften fällt vor allem dadurch auf, daß es sich zum Beobachten und Kombinieren Zeit nimmt. Es sitzt herum und schaut anderen beim Spielen zu. Es orientiert sich in fremder Umgebung erst einmal zuschauend und nicht handelnd. (So konnte Jan nach den ersten zwei Kindergartentagen zu Hause alle zwanzig Kinder namentlich und mit weiteren Eigenschaften benennen und über sie erzählen, ohne im Kindergarten außer durch etwas schüchternes Verhalten aufgefallen zu sein.) Es dauert unter Umständen sehr lange, bis diese Kinder mit einer Sache beginnen, die sie sich vorgenommen haben oder die ihnen aufgetragen wurde. Sie träumen herum und scheinen oft nicht bei der Sache zu sein. Dabei kommen sie dann manchmal doch zu verblüffenden Bemerkungen und zu Ergebnissen, die einem wie aufgeschnapptes Wissen und wie zufällig erscheinen, zumindest nicht wie die Folge von Überlegungen.

Kinder mit einer ausgeprägten Beobachtungs- und Kombinationsgabe erscheinen ihren Eltern vor allem im jüngeren Alter sehr oft merkwürdig und eigenartig. »Zurückgezogen«, »isoliert«, »einsam«, »verträumt«, »versponnen« sind Attribute, mit denen sie häufig beschrieben werden. Kann es denn richtig sein, daß ein Kind bei Spielen lieber zusieht als mitspielt? Ist es nicht merkwürdig, wenn es nicht sofort losspielt, sondern erst nachdenkt? In bestgemeinter Absicht möchte man ihm helfen: Solche Kinder werden dann aufgefordert, bei dem Spiel der anderen mitzumachen, endlich anzufangen mit dem, was sie sich vorgenommen haben. »Träum nicht nur rum« – »geh endlich spielen« – »tob doch wenigstens ein bißchen mit den anderen herum« – mit solchen und ähnlichen Bemerkungen werden diese Kinder zugedeckt. Schade für das hochbegabte Kind: Das, was den anderen eigenartig erscheint, ist eben seine persönliche eigene Art. Das verbreitete Idealbild des fröhlichen, gutgelaunten Kindes, das in einer Horde von anderen mittobt, kann man auf solche Kinder deshalb nicht anwenden. Man benötigt etwas Nervenstärke und Selbstbewußtsein, um ein solches Kind so zu lassen, wie es ist und wie es seiner Persönlichkeit entspricht: eher ruhig, beobachtend, abwartend, »über sein Alter hinaus« nachdenklich und überlegend. Eine wesentliche Hilfe für ein solches Kind, das nicht in seinem Spielverhalten, aber oft sprachlich seinen Altersgenossen weit voraus ist, besteht darin, es nicht immer wieder von sich zu schubsen, sondern ihm als Gesprächspartner für seine Beobachtungen und Überlegungen zur Verfügung zu stehen. Mit Gleichaltrigen ist ihm das nicht möglich.

Ausdauer und Zielstrebigkeit – Kinder mit diesen ausgeprägten Eigenschaften fallen dadurch auf, daß sie sich stunden- und manchmal tagelang mit derselben Sache, mit demselben Spiel beschäftigen. Sie sind von dem, was sie interessiert, einfach nicht wegzubekommen: Fast jeder Dreijährige schaut sich gern Baustellen an. Micha setzte sich aber in diesem Alter geschlagene sieben Stunden in einem Klappstühlchen dazu, als ein Haus abgerissen wurde. Ähnlich intensiv verfolgen manche Kinder ein bestimmtes Ziel, teilweise über Jahre: ein ganz bestimmtes Instrument spielen zu wollen, einen ganz bestimmten Sport ausüben zu dürfen. Manche kennen schon vor Schuleintritt ihren zukünftigen Traumberuf – und erreichen ihn auch im späteren Leben! Ausdauer und Zielstrebigkeit bei Kindern wirken auf Eltern oft wie Unflexibilität, Hartnäckigkeit und Sturheit. Manchmal scheinen Kinder, die von einer bestimmten Aktivität oder einem bestimmten Vorhaben nicht abzubringen sind, auch trotzig und widerspenstig. Dementsprechend wird reagiert: mit Schimpfen und Drohen oder mit Ablenkung.

Eine andere Sichtweise würde Eltern und Kindern viel helfen: Besondere Intensität und Ausdauer einer Sache gegenüber mag zwar bei Kleinkindern nicht altersgemäß sein. Eine Verhaltensstörung ist das aber nicht. Solche Kinder verfügen einfach früher über Fähigkeiten, die andere sehr viel später erwerben oder oft sehr mühsam lernen müssen, und darüber könnte man sich sehr freuen.

Welche der verschiedenen Eigenschaften man auch betrachtet, mit denen hochbegabte Kinder schon früh hervortreten – eines ist offensichtlich: *Zuviel* Wachheit und Neugier, *zu-*

viel Phantasie und Kreativität, *zuviel* Beobachtungs- und Kombinationsgabe und *zuviel* Ausdauer und Zielstrebigkeit bei einem Kind machen den Eltern häufig zuerst einmal Angst. Das provoziert Reaktionen, die einer angemessenen Entwicklung des hochbegabten Kindes im Wege stehen.

Gerade weil es besonders klug ist, merkt es auf diese Weise leider oft sehr früh, daß zuviel Neugier unerwünscht ist, daß es sich nicht für alles mögliche interessieren sollte, aber auch zu intensives Interesse für nur eine Sache genausowenig willkommen ist. Es spürt, daß seine Eltern sich wünschen, es möge genauso sein wie andere Kinder – mit denen es aber in bestimmten Bereichen eben nichts anfangen kann. Es fühlt: So, wie ich bin, ist man mit mir nicht zufrieden. Ich sollte eigentlich anders sein, dann hätte man mich lieber.

Das ist für jedes Kind schlimm. Für hochbegabte Kinder ist es vielleicht ganz besonders schlimm, weil eine weitere Eigenschaft für viele Hochbegabte typisch ist: *das Einfühlungsvermögen in soziale Beziehungen und in die Gefühle anderer.*

Hochbegabte Kinder wollen geliebt sein wie jedes andere Kind. Aber häufig werden sie in ihren wesentlichen Charaktereigenschaften abgelehnt. Das spüren sie möglicherweise noch deutlicher als andere Kinder. Deshalb beginnt manche problematische Persönlichkeitsentwicklung im Elternhaus. Dies ist fast zwangsläufig so und geschieht ohne jede böse Absicht, weil die Eltern sich nicht darüber klar sind, weshalb ihr Kind einen elementaren Anspruch darauf hat, etwas anders sein zu dürfen als andere. Aber es führt dazu, daß sehr intelligente Kinder recht oft erheblich zurückhaltender, unsicherer, schüchterner, selbstkritischer und manchmal auch deutlich trauriger und mißgestimmter sind als andere.

Deutliche Hinweise auf Hochbegabung

Man könnte und man müßte hochbegabten Kindern also schon recht früh bei ihrer Lebensbewältigung helfen. Das ist aber nur möglich, wenn man sie als solche erkennt.

Hochbegabung ist nicht identisch mit »Genialität« und kommt nicht nur einmal unter hunderttausend Menschen vor, sondern häufiger. Das wird bedauerlicherweise oft übersehen. Leider wird die öffentliche Diskussion über hochbegabte Kinder vorrangig bestimmt durch spektakuläre Beispiele von »Wunderkindern« und ganz extrem herausragende Leistungen, bei denen der Abstand zu Gleichaltrigen ganz offensichtlich und uneinholbar ist: Die Medien präsentieren dann ein kleines Kind, das mehrere Sprachen fließend spricht, ein anderes, das noch vor dem dritten Lebensjahr lesen und schreiben konnte, einen Jungen, der mit fünf Jahren ein Instrument konzertreif spielen kann und ein Mädchen, das im selben Alter einen Landesmeister im Schach geschlagen hat.

Auf diesem Hintergrund ist verständlich, wenn etliche Eltern die Hochbegabung des eigenen Kindes nicht entdecken. Neugier, Phantasie, Kreativität, Kombinationsgabe und Ausdauer – das sind eben Eigenschaften, über die jedes einigermaßen gesunde Kind verfügt. In diesen Bereichen fallen hochbegabte Kinder allein durch die ganz besondere Intensität und das große Ausmaß auf. Die Eltern merken, daß sie ein ganz besonders »pfiffiges«, »kluges«, »aufgewecktes« Kind haben. Es aber für ein »Wunderkind« in den Dimensionen von Mozart oder Einstein zu halten, dafür gibt es, zu Recht, keinen Grund. Wenn aber dazu noch bei einem Kind sehr schnelles Denken, die mühelose Speicherung von umfangreichem Wissen und eine offensichtliche Freude am Lernen treten, dann kann man nahezu sicher sein: Dieses Kind ist vermutlich hochbegabt, denn das sind die entscheidenden Kriterien für Hochbegabung – und nicht, ob sehr früh in einem Spiel, in einem Fachgebiet oder auf einem Instrument meisterliche Leistungen vollbracht werden.

Zwischen dem zweiten und dem dritten Geburtstag wird der ganz besondere Denk- und Verarbeitungsstil bei hochbegabten Kindern immer offensichtlicher. Bei nahezu allen von ihnen drückt sich das in einem sehr umfangreichen Wortschatz und einem Sprachstil aus, der sich deutlich vom Sprachvermögen anderer Gleichaltriger unterscheidet.

Das Kind differenziert sprachlich deutlich: Es spricht nicht nur von »Auto«, sondern unterscheidet »Lastauto«, »Personenwagen«, »Bus«, »Tankwagen« und »Trecker«. Es redet nicht immer von »Blume«, sondern unterscheidet »Rose«, »Tulpe«, »Butterblume«, »Löwenzahn« und alle Pflanzen, die es kennt. Dasselbe gilt für Tiere: nicht »Vogel« oder »Fisch« werden benannt, sondern »Taube«, »Amsel«, »Star«, »Krähe« und »Hecht«, »Barsch«, »Rotauge«. Genauso werden Tätigkeiten sprachlich unterschieden: nicht nur »gehen«, sondern »laufen«, »springen«, »rennen«, »schleichen« … nicht nur »sagen«, sondern »sprechen«, »flüstern«, »rufen«, »schreien« … Auch Eigenschaftswörter werden präzis unterschieden: nicht nur »blau«, sondern »hellblau«, »dunkelblau«, »himmelblau«, »tiefblau« –, nicht nur »schön«, sondern »herrlich«, »lecker«, »wunderbar«, »strahlend«, »freundlich« – je nach entsprechendem Anlaß. Diese sprachliche Differenzierung zieht sich durch alle Bereiche. Natürlich kann das Kind dabei nur Wörter verwenden, die es bereits gehört hat, und es ist damit auf den sprachlichen Hintergrund angewiesen, den es im Elternhaus erlebt. Aber nur die einmalige Erwähnung eines Begriffs (heutzutage auch oft aus dem Fernsehen aufgeschnappt) reicht aus. Dann wird er gemerkt und kann erneut und auch in anderen Zusammenhängen wieder verwendet werden.

Das Kind spricht schon in längeren Sätzen, während andere Gleichaltrige noch Zwei-, Drei- oder Vierwortsätze verwenden. Hochbegabte Kinder verwenden schon als Zweieinhalbjährige oft Nebensätze. Sie drücken dabei nicht nur Sachverhalte aus, sondern auch schon Meinungen und Gefühle: »Ich möchte nicht, daß du mich ins Planschbecken setzt« – »wenn du mir ein leckeres Butterbrot schmierst, würde ich mich sehr freuen« – »ich habe eigentlich keine große Lust zu spielen, weil ich müde bin.«

Das Kind verwendet manche Begriffe deutlich unter der Berücksichtigung, mit wem es spricht: »Mama« in der direkten Anrede, »Mutti« gegenüber Oma, weil die diesen Begriff verwendet, »Helene« im Gespräch mit dem Vater, der die Mutter so benennt, »meine Mutter« bei einer Unterhaltung mit Nachbarn.

Mit einer so umfangreichen differenzierten Sprache hat das Kind oft Schwierigkeiten, sich bei anderen Gleichaltrigen verständlich zu machen. Manchmal änderte es seine Sprache im Umgang mit Gleichaltrigen deutlich. Es stellt sich auf das andere Sprachniveau seiner Spielkameraden ein. Davon abgesehen, bemüht es sich im allgemeinen sehr intensiv, die Sprache von Erwachsenen nachzuahmen, ohne daß das von seinen Eltern ausdrücklich gewollt verlangt, gefordert oder besonders gelobt wird. Seine Sprache wirkt deshalb »altklug« und manchmal etwas gestelzt, besonders wenn es sich an Fremdworten probiert (die es aber meist richtig verwendet). Manchmal redet es Erwachsene schon sehr früh ständig mit »Sie« an und hält diese Anrede durch. Begriffsformulierungen und Sprachsituationen verblüffen Eltern wie auch andere Erwachsene teilweise ganz erheblich. (Unser Schlüsselerlebnis: Als Silke exakt zweieinhalb Jahre war, bestellten wir für sie im Café einen Kakao. Als der gebracht wurde, wandte sie sich unmittelbar an die Bedienung: »Bringen Sie mir doch jetzt noch ein Portiönchen Sahne, bitte.«)

Zu dem sehr umfangreichen und differenzierten Sprachgebrauch tritt die Tatsache, daß viele Begriffe, auch sehr abstrakter Art, ständig richtig verwendet werden und eine erstaunliche Orientierung widerspiegeln. Schon vor dem dritten Geburtstag wissen hochbegabte Kinder genau, was gestern oder vorgestern war. Sie verwenden auch andere Zeitangaben wie morgens, mittags, nachmittags und abends ständig und richtig. Manche kennen auch schon die Uhrzeit oder wissen wenigstens größenordnungsmäßig, ob es sieben oder zwölf Uhr ist. (»Weißt du überhaupt, wie spät es ist?« haben wir die fünfjährige Silke angeschnauzt, als sie nach einem langen aktiven Tag immer noch nicht ins Bett wollte. »Ja, zwanzig Uhr«, antwortete sie. Es stimmte exakt.) Auch räumliche Verhältnisse werden schnell richtig durchschaut und benannt: das frühe richtige Verwenden von »links« und »rechts« gehört dazu, aber auch die Einschätzung, wer von den Freunden sehr nah wohnt und wer weit weg, wie weit es zu den Großeltern ist und ob das näher oder weiter als der letzte Urlaubsort war und ähnliches.

Sehr früh und sehr schnell entwickelt das hochbegabte Kind auch Zahlenvorstellungen. Es kann nicht nur weit und sicher zählen, sondern auch Mengen annähernd richtig erfassen, und es verwendet Zahlwörter einigermaßen angemessen. Schon bei Dreijährigen kann man merken, daß sie wissen: Hundert ist weniger als tausend, eine Million ist sehr viel mehr. Dieses Zahlenwissen präsentiert sich meist nicht »wunderkindmäßig« in präsentierbaren Kopfrechen-Leistungen, aber doch in schnellen und präzisen Überlegungen wie diesem Gedanken einer noch nicht Dreijährigen: »Opa, wie alt bist du?« – »62.« – »Das kann ich nicht zählen, so viel Finger hat kein Mensch.«

Abstraktes und logisches Denken zeigt sich daran, daß sich hochbegabte Kinder schon als Dreijährige umfangreich nicht nur auf das beziehen, was sie selbst erlebt haben, sondern auch auf Gehörtes, Aufgeschnapptes, selbst Überlegtes und Erklärtes. So fragen sie nicht nur wie viele andere Kinder ständig und dauernd nach dem »Warum« und »Wieso« einer Angelegenheit und geben sich mit der darauffolgenden Antwort zufrieden, sondern sie fragen kritisch und argumentierend nach: »Das kann nicht sein, denn letztens hast du mir gesagt, daß ...« – »Dann muß aber auch ...« – »Und weshalb gilt das nicht für ...?« Sie denken über die Antwort hinaus weiter: »Wenn Gott überall ist – ist er dann auch im Wildschwein?« – »Wenn alle Sterne Sonnen sind – weshalb ist es dann nicht nachts viel wärmer und viel heller?« Oft wollen sie auch wissen, ob ihre eigene Erklärung für einen Sachverhalt stimmt: »Ist das so, weil ...?« – »Habe ich mir das so richtig ausgedacht?« Manchmal ist das logische Denken so ausgeprägt, daß das Kind den situativen Hintergrund einer Frage gar nicht erfaßt, sondern schlicht und einfach sachlich antwortet. »Kannst du jetzt endlich deine Spielkiste aufräumen?« wird die Vierjährige gefragt. »Nein, das ist jetzt ganz unmöglich«, antwortet sie ruhig. Die genervte Mutter drängt: »Räum endlich auf – das ist *nicht* unmöglich!!« – »Doch – weil ich sie schon aufgeräumt habe«, ist die logische Antwort.

Entsprechend diesem hohen Grad logischen Denkens beginnen viele Hochbegabte schon als Drei- bis Vierjährige, sich intensiv für Themen zu interessieren, die gemeinhin als »Erwachsenenthemen« gelten: Das sind vor allem religiöse und philosophische Fragen nach dem Ursprung der Welt, nach dem Grund des Bösen und des Unrechts, danach, wie mächtig Gott nun wirklich ist, nach dem Grund für Kriege und Katastrophen. Manche anderen Kinder wenden sich in diesem Alter bereits gezielt Fachgebieten zu: Erdkundliche Fragen können das sein, Tier- und Pflanzenkunde, aber auch physikalische, chemische und astronomische Interessen sind nicht selten. Woher die Anregungen für das manchmal explosionsartig entstehende Interesse kommen, ist nicht immer sicher nachzuvollziehen. Natürlich spielen oft die Interessen, Berufe und Hobbys der Eltern eine wesentliche Rolle. Vor allem frühe künstlerische oder musikalische Interessen sind auf diesem Hintergrund zu sehen, aber auch das Interesse für andere Sprachen oder für Mathematik. Dies sollte im übrigen aber auch von den Eltern bei der Beurteilung der Eigenschaften, die auf Hochbegabung hindeuten, berücksichtigt werden: Wenn das Elternhaus zweisprachig ist, weist die perfekte Beherrschung beider Sprachen natürlich nicht zwangsläufig auf Hochbegabung hin. Sie scheint nahezu selbstverständlich. Daß Kinder von Berufsmusikern auch schon früh Interesse und Fähigkeiten im Instrumentalbereich haben, ist genausowenig verwunderlich wie die Tatsache, daß die Kinder von bildenden Künstlern in ihren Zeichnungen und Gestaltungen vielen Altersgleichen deutlich voraus sind. Wenn beide Eltern (Grundschul-)Lehrer sind und damit der Umgang mit Lese-Arbeitsblättern, Rechen-Förderblättern und Konzentrationsübungen zum familiären Alltag gehört, muß Lesenkönnen vor dem Schuleintritt nichts Außergewöhnliches sein. Daß Kinder von Journalisten, Redakteuren, Lektoren oder Schriftstellern früher als andere den Wunsch haben, eine Zeitung oder ein Buch zu schreiben, kann auch mehr aus der Kombination von Nachahmungswillen und elterlicher Anregung herrühren, ohne deshalb zwangsläufig auf Hochbegabung hinzudeuten. Entscheidend bei der Beurteilung von Hochbegabung bleibt deshalb, ob diese Motivation und die damit verbundenen Fähigkeiten auch dann noch bei weitem das Maß überschreiten, das bei Kindern von Eltern der jeweiligen Berufsgruppe auftritt. Das ist manchmal schwierig zu beurteilen.

Aussagekräftiger sind deshalb oft Beobachtungen über Interessen, die abseits der elterlichen Anregung liegen. Oft genug kommt es nämlich auch vor, daß zum Beispiel der naturwissenschaftliche oder der künstlerische Hintergrund eines Elternteils bei keinem der Kinder Resonanz findet oder daß, umgekehrt, ein hochbegabtes Kind lang anhaltend den intensiven Wunsch äußert (und später erfolgreich in die Tat umsetzt), ein Instrument zu lernen, obwohl kein näherer oder weiterer Verwandter bekannt ist, der mehr spielen kann als Hänschen klein auf der Blockflöte.

Die Interessen von hochbegabten Kindern können also sehr unterschiedlich sein. *Ein* Gebiet gibt es jedoch, daß nahezu allen hochbegabten Kindern gleich wichtig erscheint und ihnen wie die Zugangsberechtigung zu allem Interessanten und Schönen erscheinen mag: die Fähigkeit, lesen und schreiben zu können. Nicht ganz alle, aber fast alle hochbegabten Kinder äußern sehr früh und sehr andauernd den Wunsch, selbst lesen zu können. Manche – ganz wenige – bringen es sich allein bei. Bei einigen anderen reicht eine kurze Erklärung der Buchstaben und Laute über einige Tage aus, damit sie sie sich merken und nach kurzer Zeit selbständig zu Wörtern und Sätzen verbinden können. Die allermeisten nerven ihre Eltern, einen Großelternteil oder ältere Geschwister so lange, bis sie auf Resonanz stoßen und ihnen beim Lesen-Lernen über mehrere Wochen und Monate geholfen wird. Dann können sie im Alter von fünf bis fünfeinhalb Jahren ziemlich sicher lesen. Denen, die großes Pech haben, wird das Lesenlernen rigoros verboten, und sie werden auf die Schule vertröstet, die zu diesem Zeitpunkt manchmal noch zwei Jahre in der Zukunft und damit in unerreichbarer Ferne liegt.

Wer ein hochbegabtes Kind hat, braucht Hilfe

Schwierigkeiten sind vorprogrammiert

»Als unser Sohn mit drei Jahren bereits die Zeigeruhr genau ablesen konnte und mit vier begann, kleine lesbare Sätze in Druckbuchstaben aufzuschreiben, da wußten wir, daß wir uns auf Schwierigkeiten gefaßt machen mußten«, erzählten mir die Eltern eines jungen Mannes, der mittlerweile ein glattes Einserabitur hinter sich hat. Wenn alle Eltern von hochbegabten Kindern frühzeitig diese Einstellung hätten, wäre viel gewonnen: Erst das Akzeptieren von unvermeidlich bevorstehenden Schwierigkeiten eröffnet die Möglichkeiten, überhaupt darauf zu reagieren.

Schwierigkeiten im Lebensweg von hochbegabten Kindern sind unvermeidlich. Das war schon in der Beschreibung von typischen Verhaltensweisen bei jüngeren Kindern zu sehen. Die Intensität und das Ausmaß von Charaktereigenschaften wie Neugier, Phantasie, Kreativität, Ausdauer und Zielgerichtetheit können Eltern eher erschrecken als erfreuen. Manchmal werden Verhaltensstörungen beim Kind vermutet. Oft werden Fehlverhaltensweisen der Eltern provoziert. Das setzt sich fort, wenn zunehmend Begegnungen mit außerfamiliären Institutionen den Lebensweg des Kindes bestimmen. Das ist zuerst einmal der eigentlich freiwillige, aber heutzutage oft als selbstverständlich angesehene Besuch des

Kindergartens. Über den Familienrahmen und spontane private Kontakte hinaus ist der Kindergarten der erste Berührungspunkt mit organisierter und pädagogisch geplanter Erziehung und mit den Ansprüchen und Erwartungen, die unsere Gesellschaft an das Lern-, Spiel- und Sozialverhalten eines Kindes im Vorschulalter hat. Dann, wenn die Hochbegabung eines Kindes im Kindergarten nicht verstanden und berücksichtigt wird, kann die Zeit dort zu einer endlosen Quälerei werden. Soziale Leistungen, die es nicht beherrscht, werden von ihm erwartet, aber das, was es kann, will, sein möchte, wird zurückgewiesen. Sein Sprachvermögen und Sprechverhalten und seine Interessen unterscheiden es von Gleichaltrigen und verhindern oft genug sogar gemeinsames Spielen, obwohl es das will und möchte, aber ohne Hilfe nicht kann. Gerade weil das hochbegabte Kind viel versteht und begreift, kann es im Zusammensein mit anderen Kindern eher schüchtern, zurückgezogen, ängstlich und unbeholfen wirken. Solche Schwierigkeiten sind eher wahrscheinlich als unwahrscheinlich. Erst wenn sie angemessen berücksichtigt werden, *kann* die Kindergartenzeit dazu beitragen, daß auch hochbegabte Kinder selbstbewußt und unbeeinträchtigt auch dem nächsten Schritt gewachsen sind: dem verpflichtenden Besuch der Schule.

Hier droht aber fast zwangsläufig Langeweile und Unterforderung. Hochbegabte Kinder können mit Schuleintritt meistens lesen und etwas schreiben, sie rechnen im Kopf im Zahlenraum wenigstens bis 100 und wissen über viele Sachgebiete des alltäglichen Lebens mehr als gründlich Bescheid, vereinzelt mit einem Wissen weit in den gymnasialen Bereich hinein. Viele von ihnen beherrschen auf alle Fälle schon bei Schuleintritt vollständig das, was ihnen im ersten Schuljahr beigebracht werden soll. Aufgrund der gutgemeinten, aber falschen Beschreibungen ihrer Eltern stellen sie sich die Schule möglicherweise wie eine zauberhafte Einrichtung vor, in der nun alle ihre Fragen beantwortet werden. Nach kurzer Zeit aber merken sie bereits, daß es sie nicht befriedigen wird, die wenigen Dinge zu lernen, bei denen sie nur genausoviel oder noch weniger können als ihre Mitschüler: Ordnung halten, sauber schreiben, längere Zeit ruhig sitzen, anderen zuhören können. – Auch diese Schwierigkeiten in der Grundschule sind bei hochbegabten Kindern eher wahrscheinlich als unwahrscheinlich. Deshalb sollte man sich darauf einrichten und nicht nur darauf hoffen, daß beim eigenen Kind schon alles gut werden wird.

Es wäre aber ein Mißverständnis, die Ursachen für die Schwierigkeiten auf dem Lebensweg von Hochbegabten einzig und allein nur denen anzulasten, die sich nicht richtig darauf einstellen: Eltern, Kindergärtnerinnen, Lehrern. Nicht zu übersehen bleibt, daß die Denk- und Verhaltensstrukturen bei Hochbegabung manchmal ganz automatisch und kaum vermeidbar Schwierigkeiten in vielen verschiedenen Bereichen erzeugen. Ein paar typische, unmittelbar durch die Hochbegabung und nicht durch die Reaktion von anderen geprägte problematische Haltungen sind diese:

1) Wer so viel Lernfreude und Interesse zeigt, daß er sich für nahezu alles und jedes interessiert, der wird eventuell in vielen Bereichen nur an der Oberfläche bleiben und Schwierigkeiten haben, in einem bestimmten Bereich auch in die Tiefe zu gehen. Sobald er sich einer Sache zuwendet, hat er das Gefühl, eine andere zu vernachlässigen. Bei hochbegabten Kindern zeigt sich das manchmal darin, daß viele Dinge angefangen, aber nicht beendet werden: Ein Instrument wird einführend gelernt, dann noch ein weiteres. Einführende Fachbücher für drei verschiedene Gebiete liegen herum, von denen keins letztlich fortgesetzt wird. Der Bau eines Geräts wird zwar geplant und begonnen, aber nicht zu Ende geführt ... und so weiter. Erwachsen, schließen sie manchmal ein Studium nach dem anderen ab, ohne sich in irgendei-

nem Fachgebiet zu einer beruflichen Verwirklichung entschließen zu können.

2) Wessen Kopf dauernd voller Ideen, Pläne, Gedanken, Überlegungen und Anregungen steckt, der hat manchmal erhebliche Schwierigkeiten, den Alltag geregelt zu bekommen. Manche hochbegabte Kinder bekommen die einfachsten Anweisungen zu Hause und später in der Schule ganz einfach nicht mit, weil sie mit ihren Gedanken woanders sind. Sie legen die schmutzige Hose nicht in den Wäschekorb, auch wenn ihnen das schon hundert Mal gesagt wurde. Sie bekommen den Auftrag, etwas aus dem Keller zu holen, und gehen auch los, aber sie vergessen das Anliegen, weil ihnen auf dem Weg eine neue Anregung begegnet ist, die sie sofort ablenkt. In der Schule geben sie weder Nachrichten von den Eltern ab, noch richten sie zu Hause aus, wenn morgen die Schule ausfällt – und sie sind dann am nächsten Tag das einzige Kind, das nichts vom Unterrichtsausfall gehört hat und in die Schule kommt. Als Erwachsene kommen sie dem Spottbild des zerstreuten Professors sehr nahe: eine Kapazität in seinem Fachgebiet, aber unfähig, die alltäglichsten Dinge auf die Reihe zu bekommen.

3) Wer sehr schnell denken, lernen, behalten, kombinieren und auffassen kann, empfindet dies sehr oft als selbstverständlich, begreift nicht, weshalb das anderen nicht zugänglich ist, und wird dadurch leicht zu der Haltung verführt: Alle anderen sind dumm. Hochbegabte Kinder machen sich manchmal lustig über all das, was andere nicht können, ohne daß in dieser Haltung ein Vorbild bei den Eltern oder sonstwo zu finden wäre: Lesen und Schreiben ist »doch Puppenkram« und »total einfach«, mathematische Sachverhalte sind »klar wie Kloßbrühe, das versteht doch ein Blinder mit Krückstock«, und dementsprechend werden alle anderen schnell als »Idioten, Dumpfbacken, Dummköpfe« und »hinter dem Mond lebend« bezeichnet. Spätestens im Erwachse-

nenalter kann sich hieraus eine zynische, abfällige Haltung gegenüber allen anderen Menschen entwickeln, ohne daß irgend jemand auch mit freundlichster und zugewandtester Einstellung diese Mauer der Verachtung noch durchbrechen kann.

4) Hochbegabt zu sein führt nahezu automatisch erst einmal dazu, alle Dinge auf der Welt für erklärbar und verstehbar zu halten. Hochbegabte Kinder versuchen deshalb, sehr viel früher als andere, argumentierend und begründend auch auf Dinge einzugehen, in denen diese Techniken vergeblich sind, zum Beispiel beim Streit um ein Spielzeug oder bei der Entscheidung der Eltern, daß es heute keine Süßigkeiten mehr gibt. Hochbegabung führt oft dazu, daß jemand offensichtlich nur »kopfgesteuert« oder »theoriegeleitet« ist. Bei manchen hochbegabten Kindern entsteht dann der Eindruck, daß sie sich nicht richtig freuen können und insgesamt vielen Erlebnissen distanziert und gefühllos gegenüberstehen. Andere Kinder leiden auf ihrer Suche nach vernünftigen Erklärungen ganz besonders: Wer als Kind die meisten Dinge für rational erklärbar hält, kann die Existenz von Streit, Krieg, Unrecht, Katastrophen oder Tod nicht verstehen und sucht in der intensiven Beschäftigung mit menschlichen Grundfragen eine Antwort. Manche hochbegabten Erwachsenen suchen und finden diese Antwort, indem sie sich extremen politischen Parteien oder religiösen Gruppierungen anschließen, deren jeweilige, scheinbar in sich schlüssige Konzepte als Erklärungsmuster für alle gesellschaftlichen Ungereimtheiten dienen können.

Aus allem folgt: Eltern, die bei ihrem zwei- oder dreijährigen Kind mehr und mehr Anzeichen für Hochbegabung entdecken, brauchen nicht voller Furcht dem gegenüberzustehen, was möglicherweise an Bedrohlichem auf ihr Kind und auf sie selbst zukommt. Sie sollten aber auch nicht die Augen davor verschließen, daß ihr Kind aller Wahrscheinlichkeit einen etwas anderen Lebensweg vor sich hat als die meisten seiner Altersgenossen – mit sehr viel Unwägbarkeiten und mit Dingen, an denen keine Macht der Welt etwas korrigieren kann, aber auch durchaus mit Bereichen, an denen man etwas ändern kann und wo man zum Wohl des Kindes etwas ändern sollte.

Dementsprechend werden hochbegabte Kinder in den USA auch in den Begriff der »exceptional children« eingeschlossen: Das sind »außergewöhnliche Kinder«, zu denen neben hochbegabten Kindern auch Kinder mit Körperbehinderungen, mit seelischen Problemen oder mit Lernstörungen gezählt werden. Für sie ist wenigstens teilweise in ihrem Leben eine besondere Förderung und Berücksichtigung nötig, damit sie ihrer Begabung und ihren Möglichkeiten entsprechend aufwachsen können. »Exceptional children« – damit ist *jede* Abweichung von einer gewissen Norm gemeint. Die Annahme, daß alles Außergewöhnliche, auch das scheinbar völlig Positive wie eine Spitzenbegabung, eine Schwierigkeit bedeuten und damit Sondermaßnahmen nötig machen kann, gefällt mir an diesem Begriff sehr gut.

Wie ein Sechser im Lotto: Gefährdung und Chance zugleich

Im Anklang an den Begriff der »exceptional children« vergleichen relativ häufig Eltern von hochbegabten Kindern deren Situation mit behinderten Kindern. Sie wollen damit ausdrücken, daß Hochbegabung eher ein Hemmnis auf dem Weg durchs Leben ist. Im Vergleich mit dem, was in Sonderschulen und Sondereinrichtungen für Körperbehinderte und Sinnesbehinderte getan wird, wollen sie herausstellen, daß auch hochbegabte Kinder aufgrund ihrer besonderen Ausstattung Anspruch auf eine besondere Berücksichtigung und eine gezielte Unterstützung haben. Ganz besonders häufig sind die Vergleiche mit der schulischen Situation von Lernbehinderten oder geistig Behinderten. Für diese Gruppen scheint klar zu sein, daß sie im Unterricht einer normalen Schule nicht angemessen gefördert werden können. So sollte nach dieser Argumentation auch für Hochbegabte klar sein, daß der normale Unterricht in der Regelschule, egal ob auf der Grundschule oder im Gymnasium, ihnen nicht ohne weiteres angemessen ist. Die konsequente Forderung von Sonderschulen für Hochbegabte wird nicht von vielen vollzogen, aber doch von einigen.

Daß auch die Sonderbeschulung von behinderten Kindern jeder Art zunehmend als fragwürdig in die öffentliche Diskussion gerät, soll hier in diesem Zusammenhang nicht interessieren. Trotz einiger offensichtlicher Parallelen ist aber der Vergleich von Hochbegabung mit Behinderung meiner Meinung nach nicht grundsätzlich stichhaltig. Er wird oft auch nur von denen verstanden, die die problematische Situation einzelner Hochbegabter persönlich kennengelernt haben und wissen, wie sehr eine besondere Unterstützung nötig ist. Diese Menschen braucht man aber nicht zu überzeugen.

Insbesondere hinkt der Vergleich von Hochbegabung und Behinderung an einem Punkt: Zwar können sowohl Hochbegabung wie auch jede Behinderung einem erfüllten Leben deutlich im Weg stehen. Es gibt aber keine einzige Behinderung, bei der man – wie es für Hochbegabung möglich ist – sagen kann: Wenn damit richtig umgegangen wird, ist diese Ausstattung ein ganz entscheidender Vorteil im Leben, verbunden mit emotionaler und sozialer Erfüllung, mit persönlichen und vielleicht auch materiellem Erfolg, mit einer Vergrößerung der Chancen in vielen Bereichen. Genausowenig gibt es eine Behinderung, bei der man, wie bei Hochbegabung, als sicher annehmen darf: Wenn Eltern damit ausgestattet sind, wären sie eher traurig, wenn es ihre Kinder nicht auch wären, und sie freuen sich sehr, wenn ihre Kinder sind wie sie.

Nein – im Gegensatz zu jeder anderen Ausstattung, die man als Behinderung bezeichnen würde, ist Hochbegabung nicht nur Hemmnis, Erschwernis und möglicher Stolperstein. Sie ist gleichzeitig eine große Chance auf Selbstverwirklichung weit über das Maß hinaus, das vielen anderen Menschen möglich ist.

In England werden Hochbegabte als »gifted children« bezeichnet – »beschenkte Kinder«. Dieser Begriff verweist auf einen möglichen Vergleich, der besser als »Behinderung« beschreiben kann, welche Gefährdungen und welche Chancen zugleich mit Hochbegabung verbunden sind: ein Sechser im Lotto.

Über die Hochbegabung Ihres Kindes dürfen Sie sich erst einmal genauso freuen wie über einen großen Lottogewinn. Es ist ein Geschenk, das man sich nicht verdient und nicht erarbeitet hat, sondern das man bekommt – einfach so. Was Sie damit anfangen, liegt in beiden Fällen auch an Ihnen. Genausowenig wie beim überraschenden Gewinn von zwei Millionen können weder Sie noch viele andere Menschen sich allerdings vorstellen, daß ab jetzt vieles schwieriger werden kann. Alle Lottogesellschaften wissen: Die Gewinner von mehreren Millionen oder gar eines Jackpots haben erhebliche Schwierigkeiten, anfangs überhaupt zu begreifen, wieviel sie gewonnen haben und welche verschiedenen Möglichkeiten es gibt, damit umzugehen. Tatsächlich ist es dann so, daß viele Millionengewinner mit dem überraschenden Reichtum nicht fertig werden und ihn entweder verschleudern oder aber menschlich nicht mit den Problemen zurechtkommen, die in diesem Zusammenhang auftreten.

Dies entspricht in vielen Belangen der Situation von Eltern

hochbegabter Kinder. Ob mit einem Lottogewinn oder mit einem hochbegabten Kind: Alles wird anders. Man wird plötzlich mit Dimensionen konfrontiert, die einem vorher unvorstellbar waren: beim Sechser im Lotto im finanziellen Bereich, beim hochbegabten Kind im Bereich der geistigen Leistungsfähigkeit. Man sieht plötzlich Zukunftschancen, an die man sonst nicht zu denken gewagt hätte. Hierbei kann man sich erheblich verkalkulieren: Wer meint, bei einem hochbegabten Dreijährigen eine glänzende Karriere vorprogrammieren zu können, liegt völlig falsch und wird oft gerade durch diese Haltung das Gegenteil erreichen. Genausowenig ist es eine Kunst, drei Millionen in den Sand zu setzen. Man muß Dinge tun und veranlassen, mit denen man sich vorher nie beschäftigt hat: Geldanlagen und Vermögensregelungen beim Lottogewinn, schulische und außerschulische Förderung in möglicherweise völlig fremden Fachbereichen beim hochbegabten Kind. Dabei kommt man mit Menschen und sozialen Schichten zusammen, denen man vorher nie begegnet wäre. Fast zwangsläufig brechen einige Kontakte ab, die man sonst aufrechterhalten hätte. Denn das sind weitere Parallelen: Ein Millionengewinn wird von einem größeren Teil der »Nichtbetroffenen« ebenso mit Neid und Mißgunst betrachtet wie ein hochbegabtes Kind. Gleichzeitig wird jede Verhaltensweise von den anderen darauf abgeklopft, ob sich hier Arroganz, Überheblichkeit und Abgehobenheit äußern. Genauso wie die allermeisten Lottogewinner legen Eltern von hochbegabten Kindern deshalb großen Wert darauf, nicht in der Öffentlichkeit mit dieser Eigenschaft bekannt zu werden. (Sowenig, wie es der Redaktion der Zeitschrift Geo gelungen ist, für eine Reportage auch nur einen einzigen Lottogewinner zu finden, der mit Namen und Foto zu seinen Aussagen steht, sowenig wäre es meinem Verlag möglich gewesen, mich zur Veröffentlichung dieses Buches unter meinem wirklichen Namen zu überreden.)

Und: Sowohl die ungeahnten neuen Möglichkeiten, die sich eröffnen, wie auch Neid und Mißgunst einiger bisheriger Bekannter sorgen dafür, daß sich das gesamte Lebensumfeld ändert. Man verliert alte Freunde, gewinnt neue Bekannte und probiert auch Kontakte aus, die man bald wohl wieder fallenlassen wird. Dies findet insbesondere deshalb statt, weil man nur wenige Menschen findet, die sich in die veränderte Situation hineindenken können und die begreifen, daß man trotz der großen und überwältigenden Chancen eben auch ganz erheblich Schwierigkeiten und Beratungsbedarf hat. Wer es ansatzweise begreift, muß mit seinen Vorschlägen trotzdem nicht richtigliegen. Und auch die Situation, daß jemand, der es sehr gut meint oder der durchaus fachkundig erscheint, Sie trotzdem umfassend falsch berät und damit erheblich zum Scheitern Ihrer Möglichkeiten beiträgt, teilen Sie als Eltern eines hochbegabten Kindes mit Lottogewinnern.

Irgendwann hören die Vergleichsmöglichkeiten zwischen Lottogewinn und Hochbegabung allerdings auf. Auch das sollten Sie berücksichtigen:

1) Daß jemand, bei dem Sie in Ihrer Situation Rat suchen, versucht, Sie bewußt übers Ohr zu hauen, Sie zu betrügen und aus Ihrer Situation seinen eigenen Vorteil zu ziehen, kommt – im Gegensatz zum Millionengewinn – bei Eltern hochbegabter Kinder nicht vor.

2) Im Gegensatz zum Lottogewinn könnten Sie eventuell in der Situation sein, nicht genau zu wissen, ob Ihr Kind wirklich hochbegabt ist oder nicht: So sicher, wie ein Kontoauszug Ihr Vermögen anzeigt, werden Sie einen unzweifelhaften Beweis für die Fähigkeiten Ihres Kindes nicht unbedingt erhalten.

3) Wenn Ihnen ein riesiger Lottogewinn Angst machen würde und Sie lieber Ihr bisheriges Leben unverändert weiterleben wollen, könnten Sie die Millionen zurückweisen

oder jemand anderem schenken, der Ihrer Ansicht nach besser und sinnvoller damit umgehen kann. Das ist bei Ihrem hochbegabten Kind nicht möglich.

4) Hochbegabte Kinder sind zum Glück häufiger als Lottogewinne in Millionenhöhe. Deshalb haben Sie eher als ein Lottomillionär die Chance, Menschen zu treffen und sich mit ihnen zu unterhalten, denen es ähnlich geht wie Ihnen: Eltern von hochbegabten Kindern, die teilweise jene Schwierigkeiten schon überwunden haben, vor denen Sie noch stehen, und die Wege kennen, die Ihnen noch unbekannt sind und ansonsten verschlossen blieben.

Hilfe, Aussprache, Rat und Unterstützung – Wege und Irrwege

Überschätzen Sie nicht vermeintliche Fachleute!

Der eben geäußerte Gedanke, sich mit den Fragen und Problemen, die sich durch die Hochbegabung eines Kindes ergeben, zuerst einmal an andere Eltern zu wenden, wird Ihnen vielleicht fremd vorkommen. Vielleicht denken Sie viel eher an Fachleute, wie Psychologen, Pädagogen, Erziehungsberatungsstellen oder eventuell auch an den Kinderarzt, die Sie befragen würden, wenn es um die Einschätzung der Besonderheit Ihres Kindes geht. Vielleicht würden Sie lieber auch erst einmal vorsichtigerweise im näheren Bekannten- oder Freundeskreis um Ratschläge beim Umgang mit Ihrem Kind bitten, wenn Sie Probleme sehen.

Beides ist oft falsch und hat sich schon für viele Eltern hochbegabter Kinder als Umweg oder gar Irrweg erwiesen. Der Grund dafür erschließt sich leichter, wenn man Vergleiche aus anderen Bereichen heranzieht, die auf den ersten Blick sicher abwegig erscheinen:

Manchmal finden Menschen mit seltenen Krankheiten erst nach Jahren und vielen vergeblichen Versuchen einen Arzt, der die Krankheit richtig erkennt, diagnostiziert und dann einen angemessenen Umgang mit der Krankheit veranlassen kann. Dann blicken die Betroffenen fassungslos auf Lebensabschnitte zurück, die durch das Befolgen falscher Ratschläge zum Leidensweg geworden sind. Sie fragen sich: Warum hat das kein anderer Arzt vorher erkannt? Wieso habe ich von anderen Menschen, Fachleuten oder Nichtfachleuten, ständig falsche Ratschläge erhalten und in Treu und Glauben auch befolgt?

Der Grund ist einfach: Ziemlich seltene Phänomene werden auch von Fachleuten, in deren Bereich sie eigentlich gehören, nicht erkannt, wenn sie ihnen zu selten begegnen. Symptomkomplexe, die dem Arzt vielleicht nur einmal im Jahr oder noch seltener vorkommen, werden von ihm nicht richtig eingeschätzt, sondern mißdeutet, obwohl er es eigentlich besser wissen sollte. Bei erfolglosen Behandlungen (die in solchen Fällen ihre Ursache in der falschen Diagnose haben) werden die Betroffenen häufig auch zu psychologischen oder psychiatrischen Untersuchungen geschickt – und auch dort kann die gleiche Unkenntnis gegenüber der seltenen Erkrankung bestehen. Tips und Ratschläge aus dem Freundes- und Bekanntenkreis beruhen sowieso meist nur auf dem »gesunden Menschenverstand«, können seltene Erscheinungen nicht berücksichtigen und liegen dementsprechend falsch.

Bei seltenen Erkrankungen haben sich in nahezu allen Bereichen mittlerweile betroffene Menschen in Selbsthilfegruppen zusammengefunden, um ihr eigenes Leben zu bewältigen, aber auch um ihre eigenen Erfahrungen an andere weiterzugeben, um so unnötige Irrwege und unnötiges Leiden zu vermeiden. Diese Selbsthilfegruppen haben nie den Anspruch, ärztliche oder, wenn nötig, psychologische Beratung ersetzen zu wollen. Sie verfügen aber in aller Regel über den Zugang zu allen wichtigen Informationen, die es zum jeweiligen Zeitpunkt zur entsprechenden Erkrankung gibt, und sie können normalerweise jene Anlaufstellen benennen, bei denen man wirklich fachlich kompetent beraten wird.

Ihr hochbegabtes Kind ist nicht krank. Falls Sie aber Hilfe, Beratung und Unterstützung benötigen, um Ihr Kind zu verstehen und es mit seiner Hochbegabung durch sein Leben zu begleiten, dann geht es Ihnen ähnlich wie eben beschrieben: Das Phänomen Hochbegabung ist recht selten. Sie müssen deshalb damit rechnen, daß diejenigen Fachleute, die eigentlich etwas davon verstehen sollten, trotzdem nicht Bescheid wissen. Sie können sich zudem sicher sein: In Ihrem persönlichen Umfeld werden Sie nur selten auf Menschen stoßen, die mehr als zufälliges Wissen über Hochbegabung haben. Und damit ist es mehr als wahrscheinlich: Wenn Sie spontan, ziellos und ohne richtige Anleitung Rat und Hilfe suchen, werden Sie eher auf überflüssige und unnötige Irrwege geführt, als daß Ihnen wirkliche Hilfe zuteil wird, die Ihrer Fragestellung angemessen ist.

Machen Sie sich doch bitte klar: Hochbegabt sind, je nach Definition, zwei oder drei von hundert Kindern. Eine Kindergärtnerin kann also ihre Gruppe mehrere Jahre leiten, ohne je einem hochbegabten Kind begegnet zu sein. Wenn sie ihm begegnet, erkennt sie es womöglich gar nicht als hochbegabt, weil sie sich in ihrer Ausbildung damit nicht beschäftigen mußte – genausowenig wie Grundschullehrer: Wenn in einer Grundschule die Lehrer jeweils vier Jahre lang dieselbe Klasse behalten, können unter Umständen acht bis zwölf Jahre vergehen, bevor ein Lehrer ein einziges Mal mit einem hochbegabten Kind zu tun hat – möglicherweise also nur drei- oder viermal in seinem Lehrerleben (manchmal sicher allerdings auch öfter).

In der Praxis von Erziehungsberatungsstellen und Psychologen sind Hochbegabte aus verschiedenen Gründen noch seltener zu finden. Ein Psychologe müßte weit mehr als fünfzig Fälle intensiv behandeln, um im Durchschnitt dabei ein hochbegabtes Kind zu betreuen. Ein Kinderarzt begegnet sicher häufiger hochbegabten Kindern, aber oft in sehr kurzen Begegnungen und ohne fachliche Kompetenz, das intellektuelle Leistungsvermögen eines Kindes zu beurteilen oder die Eltern in dieser Hinsicht beraten zu können.

Ihre Freundin, Ihr Nachbar oder Ihre Arbeitskollegin müßten wenigstens fünfzig Kinder gut und intensiv kennen, damit die Chance besteht, daß ein hochbegabtes Kind dabei ist.

All das sind ja zudem noch Einzelbegegnungen. Weil aber auch hochbegabte Kinder sehr unterschiedlich sind, weil sie sehr ruhig oder sehr wild sein können, zurückgezogen oder vorlaut, gut erzogen oder ganz unmöglich, deshalb erwächst auch aus solchen Einzelbegegnungen noch keine fachliche Kompetenz im Bereich Hochbegabung bei Kindergärtnerin, Grundschullehrer, Psychologe, Arzt oder Bekannten, selbst wenn in diesem Fall die Hochbegabung erkannt wurde. Viel eher besteht die Gefahr, daß der einmal erlebte Einzelfall überbewertet wird und daraus allgemeine Schlüsse über Hochbegabte gezogen werden, die überhaupt nicht zulässig sind.

Viel zuviel Eltern hochbegabter Kinder haben mit allzu schnell eingeholtem Rat bei vermeintlichen Fachleuten schlechte Erfahrungen gemacht. Dabei kann man die Hinweise ja dann durchaus noch folgenlos in den Wind schlagen, wenn sie von Menschen kommen, die beruflich beratend tätig sind, zum Beispiel als Psychologe oder Pädagoge in freier Praxis oder Erziehungsberatungsstellen oder als Arzt.

Schlimm, für die Eltern selbst und damit auch für das Kind,

wird die allzu spontane Suche nach Rat in zwei anderen Fällen:

Zum einen ist es ungünstig, wenn man sich Rat sucht, der gleichzeitig in die eigenen persönlichen Beziehungen eingebettet ist. Wer zum Beispiel einen Psychologen aus dem Bekanntenkreis befragt oder die Sonderschullehrerin, die mit einem befreundet ist, wer sich an einen Erziehungsberater wendet, weil man mit ihm auch sonst beruflich zu tun hat, jeweils in der richtigen Annahme, daß alle eigentlich von Intelligenzmessung und Leistungsbeurteilung etwas verstehen müßten – der riskiert, Hinweise zu bekommen, die zum Bruch der Freundschaft oder der kollegialen Arbeitsbeziehung führen, wenn man sie nicht beachtet. Das ist ein mehr als unglücklicher Zustand. Er sollte unter allen Umständen vermieden werden.

Genauso unglücklich ist es, wenn man ohne irgendeine Vorbereitung mit Grundschullehrern oder Kindergärtnerinnen über Hochbegabung reden möchte, in der falschen Voraussetzung, sie müßten sich damit doch irgendwie auseinandergesetzt und sich darüber kundig gemacht haben. Die fast sichere Erfahrung ist: Das ist nicht der Fall. Solche Gespräche gehen, wenn sie unvorbereitet sind, meist gründlich daneben.

Hilfe durch andere Eltern hochbegabter Kinder

Ich bin der Ansicht: Gleichgültig, ob Sie sich der Hochbegabung Ihres Kindes sicher sind oder ob Sie noch Zweifel haben – Sie sollten zuerst versuchen, mit anderen Eltern hochbegabter Kinder in Kontakt zu treten.

Analog der Beschreibung von Selbsthilfegruppen im Krankheitsbereich ersetzt das sicher nicht den Intelligenztest beim Psychologen und ein entsprechendes Gutachten, falls das nötig ist (lesen Sie dazu mehr im Kapitel ab S. 71). Es ersetzt auch nicht die fachliche Beratung durch kompetente Pädagogen, wenn sich auf dem Lebensweg Ihres Kindes wegen seiner Hochbegabung erhebliche Schwierigkeiten einstellen. Aber: Andere Eltern hochbegabter Kinder haben massive Schwierigkeiten erlebt und überwunden. Sie haben damit mehr Lebenserfahrung als Sie. Nicht jeder muß jede Erfahrung selbst machen – *und schon gar nicht auf Kosten seiner Kinder.* Sie haben deshalb beim Kontakt mit anderen Eltern hochbegabter Kinder die Möglichkeit, aus deren Erfahrungen zu lernen. Sie können sich sicher sein, daß in den entsprechenden Gruppen das aktuelle Wissen über die Förderung Hochbegabter vorhanden und präsent ist. Wahrscheinlich können Sie Adressen von Fachleuten erhalten, die sich wirklich mit Hochbegabung auskennen, falls Sie das brauchen. Sie werden, wenn Ihr Kind älter ist, mit Sicherheit Zugang zu allen Informationen haben, die sich auf rechtliche Möglichkeiten in Ihrem Bundesland, auf Fördermöglichkeiten und Institutionen in Ihrer Nähe beziehen. Vor welchem Problem Sie auch stehen: Über Elterngruppen von Hochbegabten können Sie mit jemanden Kontakt aufnehmen, der etwas Ähnliches schon durchgemacht, erlebt und bewältigt hat.

Selbst hochbegabte Kinder zu haben erzeugt allerdings nicht automatisch Fachkompetenz und die Fähigkeit, seine Erfahrungen angemessen weitergeben zu können. Falls Sie also bei Ihrer Begegnung mit anderen Eltern hochbegabter Kinder auf Menschen stoßen, deren Meinung Sie absolut nicht teilen können oder deren Art zu reden und zu argumentieren Sie eher abstößt, dürfen Sie ruhig Ihrem Gefühl vertrauen – und sich denen zuwenden, bei denen Sie sich verstanden fühlen.

Sie können sich aber insgesamt sicher sein: Vor allem in eher seltenen Situationen, wie es die Hochbegabung eines Kindes nun einmal ist, entsteht fachliche Kompetenz relativ häufig auch durch einfache Lebenserfahrung, die um so höher zu bewerten ist, wenn sie von Leuten kommt, die ihre eigene Erfahrung in Gruppen mit denen anderer verglichen und verarbeitet haben. Es wäre dumm, die Möglichkeit in den Wind zu schlagen, an alldem teilzuhaben.

Die Deutsche Gesellschaft für das hochbegabte Kind (DGhK)

In der Deutschen Gesellschaft für das hochbegabte Kind (DGhK) (Adresse S. 199) befanden sich Anfang 1997 etwa 3 000 Mitglieder – mit zunehmender Tendenz. Größtenteils als betroffene Eltern hochbegabter Kinder und teilweise als interessierte Lehrer, Psychologen und forschende Wissenschaftler tragen sie dazu bei, Erfahrung und Wissen über hochbegabte Kinder zusammenzutragen, auszutauschen, an andere Interessierte und Betroffene weiterzugeben und Veranstaltungen zur Begegnung von Eltern und Kindern zu organisieren und durchzuführen.

Die DGhK wurde bereits 1978 begründet. Sie konnte sich dabei aber schon bei ihrer Gründung auf einen reichen Erfahrungsschatz beziehen, denn in England bestand bereits seit etlichen Jahren eine entsprechende Vereinigung: die National Association für Gifted Children (NAGC), deren Vorsitzender Henry Collis bereits im Jahr 1975 die erste Weltkonferenz für hochbegabte und talentierte Kinder leitete und der dann Präsident des World Council for Gifted and Talented Children war.

Ein privater Kontakt zu Henry Collis und anderen Gründungsmitgliedern der englischen Vereinigung NAGC trug dazu bei, daß deren Ideen und Erfahrungen bereits in die neu gegründete DGhK einfließen konnten. (1985 wurde Henry Collis deshalb zum Ehrenmitglied der DGhK ernannt.) Wesentliche übernommene Elemente sind vor allem diese:

Wie der NAGC geht es auch der DGhK nicht um eine Leistungsförderung mit dem Ziel, im Leben Spitzenpositionen und Karriere zu erreichen. Im Vordergrund steht vielmehr der Wunsch, hochbegabten Kindern durch gezielte Beachtung und Förderung ein Leben zu ermöglichen, das nicht von Unterforderung, Ablehnung der vorhandenen Talente, Neid und Mißgunst geprägt ist. Collis sagte dazu selbst über hochbegabte Kinder: »Es ist mir immer schwergefallen zu begreifen, warum man sie derartig vernachlässigt. Da sie leichter lernen als andere, meint man, sie könnten allein zurechtkommen. Das ist ein großer Irrtum. Deshalb betrachten wir sie nicht als eine auserwählte Gruppe. Wir betrachten sie als Kinder, die wir glücklich machen möchten; denn kein Kind ist glücklich, wenn es nicht sein Potential ausschöpft.«[*]

Die Einstellung, daß hochbegabte Kinder anders, aber nicht besser sind als andere Kinder, zieht sich wie ein roter Faden durch die Arbeit der DGhK. Die aus manchen Zeitungsartikeln herauszulesende gehässige Zuschreibung, daß hier Eltern versuchen, für ihre ohnehin privilegierten Kinder weitere Vorteile zu erlangen, steht dazu im erheblichen Widerspruch.

Von der englischen NAGC hat die DGhK auch übernommen, daß die Mitgliedschaft nicht an Voraussetzungsnachweise wie zum Beispiel Intelligenztest mit bestimmten Meßergebnissen, gebunden ist.

Der Verzicht auf Eingangsvoraussetzungen tut der möglichen Mitarbeit und dem Erfahrungsaustausch in der DGhK nur gut. Das Risiko, Eltern mit falschem Ehrgeiz als Mitglieder zu bekommen, deren Kind gar nicht hochbegabt ist, kann als sehr gering eingeschätzt werden. Im Gegensatz zur verbreiteten Meinung sind eben Eltern durchaus nicht stolz darauf,

---

[*] (Labyrinth, Zeitschrift der DGhK – damals: Gesellschaft zur Förderung hochbegabter Kinder e.V. – Ausgabe 0, Seite 3, Hamburg 1978)

hochbegabte Kinder zu haben. Eltern wenden sich deshalb eigentlich erst dann an die DGhK, wenn die Hochbegabung und die Notwendigkeit begleitender Beratung und Hilfe offensichtlich ist. Außerdem würden Eingangsvoraussetzungen wie Intelligenznachweise gerade jene Eltern verschrecken, die möglicherweise am meisten Hilfe brauchen: Eltern mit hochbegabten Kindern, die selbst aber keine »höhere Schulbildung« besitzen und sich daher in allen Schul- und Bildungsfragen eher auf unsicherem Gebiet fühlen (oft ohne Grund).

Gerade weil es der DGhK darum geht, sowohl dem Kind als auch der ganzen Familie Hilfen anzubieten, nehmen im übrigen selbstverständlich auch Geschwisterkinder, die nicht hochbegabt sind, an den Angeboten und Veranstaltungen teil.

Besonders auffällig und während aller Jahre gleichbleibend ist in der DGhK das Bemühen, mit den zusätzlichen Lern- und Förderangeboten auf keinen Fall Sachen vorwegzunehmen, die dem normalen Unterrichtsstoff in der Schule in die Quere kommen könnten. Dies Bemühen ist ehrlich gemeint, und um so verärgerter sind Eltern hochbegabter Kinder, wenn ihnen unterstellt wird, ihre Kinder nur durch zusätzliches Lernen für schulische Spitzenleistungen fitmachen zu wollen.

Trotzdem hat dieses Bemühen sehr deutlich Grenzen und kann nicht vollständig durchgehalten werden: Zum einen gibt es viele hochbegabte Kinder, denen gerade der schulische Lernstoff besonders wichtig und erstrebenswert vorkommt. Sie wollen und können sich aus eigenem Antrieb »Schulstoff« aneignen, und sie dabei zu bremsen, käme einem Lernverbot gleich: Der Konflikt, dem die Eltern dann unterliegen, drückt sich sehr früh im Lesen- und Schreibenwollen aus. Manchmal kann es auch sein, daß Lieblingsgebiete, mit denen man hochbegabte Kinder lange Zeit inten-

siv und schulfern beschäftigen konnte, plötzlich ungeahnte
Aktualität erreichen und dann viele Kinder darüber gut Bescheid wissen: Während ein vertieftes Wissen über Dinosaurier in den achtziger Jahren fast nur bei hochbegabten Kindern zu finden war, konnte es im Dinoboom der neunziger
Jahre nicht mehr als Nachweis speziellen Interesses oder spezieller Kenntnisse herhalten. Schließlich werden auch neue
Gebiete zum Lernstoff der Schule. Der sachgerechte Umgang
mit Computern, ausgedrückt im eigenständigen Programmie-
ren, und der gesamte Bereich der Informatik konnte noch
vor einigen Jahren als Ergänzungsprogramm für hochbegabte
Kinder angeboten werden, ohne daß man Sorge haben mußte, hier mit den Zielen der Schule in Konflikt zu kommen.
Heute stellt sich auch hier die Situation so dar, daß manche
hochbegabte Kinder mehr wissen als die Lehrer, die in diesem Bereich unterrichten (müssen).

Die DGhK hat eine Hauptgeschäftsstelle, mehrere Regional-
verbände (fünfzehn im Jahr 1997) und einen wissenschaftlichen Beirat. Die umfangreiche Zeitschrift »Labyrinth« erscheint wenigstens dreimal im Jahr. Sie spiegelt die Arbeit
der DGhK in allen Aspekten wider: Ergebnisse wissenschaftlicher Forschung, kontroverse Stellungnahmen zu bestimmten Themen, Berichte aus der Arbeit von Regionalgruppen
sind ebenso zu finden wie Artikel über den Schul- und Lebensweg einzelner Kinder, Beiträge von Kindern und Jugendlichen selbst und Informationen zu Anlaufstellen für Beratung und Unterstützung, schulischen Fördermöglichkeiten
und Schulversuchen.

Wie intensiv man in dieser Selbsthilfegruppe mitmachen
möchte, bestimmt man selbst. Viele Mitglieder beschränken
sich auf gelegentliche Kontakte, oft auch nur telefonisch,
wenn ein bestimmtes Problem anliegt und gelöst werden
soll. Besonders in größeren Städten können Angebote von
regelmäßigen Treffs für Eltern und Kinder genutzt werden.

Die aktive Mitarbeit wäre sicher intensiver gewünscht, sie wird aber, wie in allen Selbsthilfegruppen, nur von wenigen getragen.

Das bedeutet: Nahezu alle erbrachten Leistungen stammen von ehrenamtlich tätigen Mitgliedern, deren Mitarbeit um so höher einzuschätzen ist, weil die allermeisten von ihnen mit eigenen hochbegabten Kindern noch selbst mitten im Problem stecken. Daher ändern sich auch manchmal die möglichen Ansprechpartner in den Regionalgruppen recht häufig. Neue Mitglieder steigen in die aktive Arbeit ein. Manche steigen dann wieder aus, wenn sie sehen, daß die persönliche Belastung zu groß wird. Andere beenden ihre aktive Mitarbeit dann, wenn ihre Kinder groß geworden sind und die ursprünglich angestrebte Selbsthilfe nur noch Fremdhilfe sein würde.

Um so interessanter ist: Zwar gibt es nur noch wenige der Gründungsmitglieder, die in der DGhK Mitglied sind oder gar noch aktiv mitarbeiten. Trotzdem bestehen die beschriebenen und von der englischen NAGC übernommenen Grundeinstellungen weiter: auf freiwilliger Basis und ohne wirtschaftliche Interessen eine Hilfe für Familien mit hochbegabten Kindern anzubieten, im Wissen, daß diese Kinder anders, aber nicht besser sind als andere, ohne Eingangsvoraussetzungen oder Tests, wobei die Persönlichkeitsentwicklung und nicht die Leistungsentwicklung im Vordergrund der Aufmerksamkeit steht.

Merkwürdigerweise haben viele Menschen erst einmal Bedenken, wenn man sie auffordert, sich einer Selbsthilfegruppe anzuschließen. Einige dieser Bedenken bestehen grundsätzlich und unabhängig von der Zielsetzung der entsprechenden Gruppe. Andere hängen eng mit der Themenstellung der jeweiligen Vereinigung zusammen. Bei dem Angebot zur Mitgliedschaft in der DGhK kommen demnach oft die gleichen Einwände:

1) »Ein interessantes Angebot für Menschen, die Hilfe brauchen. Das habe ich aber nicht nötig – ich werde mich schon allein durchkämpfen.« Diese Einstellung klingt zwar mutig, sie ist aber selten von Erfolg gekrönt. Mir erscheint es einfach dumm, auf diese Weise darauf zu verzichten, von den Erfahrungen anderer zu lernen, um so möglicherweise einen viel schwierigeren Weg zu gehen, als es nötig wäre.

2) »In Selbsthilfegruppen sieht man oft nur die Probleme und nur selten etwas Positives.« Ja – die Konzentration auf Problemstellungen resultiert aber im wesentlichen daraus, daß viele Leute erst dann Hilfe bei Selbsthilfevereinigungen suchen, wenn sie ihre Angelegenheiten nicht mehr alleine lösen können. Ob man das nur negativ betrachtet, liegt an einem selbst: Gerade weil Sie hier Menschen begegnen können, die sehr große Schwierigkeiten überwunden haben, können Sie sich sicher sein, auch bei größeren Problemen die richtigen Hilfen finden zu können (manchmal nicht sofort, aber nach längerem Suchen). Die Beobachtung, daß doch recht viele Eltern von hochbegabten Kindern erhebliche Probleme bewältigen und lösen mußten, kann etwas mehr Bescheidenheit vermitteln: Ganz so einfach wird vermutlich auch für Sie der Umgang mit einem hochbegabten Kind nicht bleiben, wie es Ihnen im Moment vorkommen mag. Dies Gefühl wiederum kann motivieren, manche Probleme dadurch zu umgehen, indem man sie sachgerecht und unter Einbeziehung der Erfahrungen anderer Eltern von vornherein gezielt angeht. Und: Die Mitgliedschaft von Eltern, die nicht unter einem Berg von Problemen leiden, sondern einigermaßen gut orientiert ihren Weg für sich und für ihr Kind finden, würde sicher den Erfahrungsschatz im positiven Umgang mit hochbegabten Kindern und mit Institutionen mehr vergrößern können, als das jetzt der Fall ist.

3) »In Selbsthilfegruppen findet man doch immer auch etwas schwierige und merkwürdige Menschen.« Stimmt – aber

die normalen, selbstsicheren, glaubwürdigen und sachkundigen Eltern, die ihre Erfahrungen ohne einseitige subjektive Wertungen und ohne ideologische Eingleisigkeit weitergeben, überwiegen bei weitem, und sie bestimmen das kinderfreundliche, hilfsbereite und unterstützende Klima, das der DGhK so eigen ist. Im übrigen steht es Ihnen auch frei, Ihre Gesprächspartner und Kontaktpersonen zu wechseln, falls Sie mit sicherem Gefühl und gesundem Menschenverstand merken sollten, daß Sie an jemanden geraten sind, der Sie gegen Ihren Willen in eine bestimmte Richtung drängen möchte.

4) »Mein Kind ist zwar sehr klug, pfiffig, schnell und wißbegierig – aber wie ein Wunderkind kommt es mir nun doch nicht vor. Ich habe Sorge, daß es dann mit noch erheblich besseren Kindern verglichen wird.« Nun – »Wunderkind« ist die von Eltern und hochbegabten Kindern wohl am meisten abgelehnte Zuschreibung. Das damit vermittelte Bild von bühnenreifen musikalischen Vorstellungen im Vorschulalter und von akademischen Glanzleistungen vor dem zehnten Lebensjahr, von Schachgenies und von kleinen Professoren ist falsch und deckt den wissenschaftlichen Begriff von Hochbegabung nicht annähernd. Gerade diese Vorstellung behindert in der Öffentlichkeit das angemessene Akzeptieren und damit die Förderung von Hochbegabten, die in aller Regel doch erst einmal im großen und ganzen so normal sind, wie Sie Ihr eigenes Kind auch empfinden. In der DGhK werden Sie deshalb keine Eltern finden, die kritisierend und abwertend den Bereich in den Leistungen ihres Kindes suchen, der nun doch nicht ganz so wunderkindhaft ist. Sie finden vielmehr Eltern, die für all ihre Beobachtungen vom Lerneifer Ihres Kindes weit über sein Alter hinaus Verständnis haben, weil sie es selbst mit ihren eigenen Kindern auch so erlebt haben.

5) »Die DGhK ist doch sicher nicht die einzige Gruppierung im Bereich Hochbegabung. Woher kann ich wissen, daß ich

hier richtig bin?« Tatsächlich gibt es auch andere Vereinigungen, die sich ausschließlich oder zum Teil mit dem Problemkreis »hochbegabte Kinder« beschäftigen. Sie haben etwas andere Zielsetzungen: Teilweise wird die Leistungsförderung erheblich mehr akzentuiert als in der DGhK. Manche stehen nicht jedem Interessierten offen, und das Erreichen eines bestimmten Ergebnisses im Intelligenztest ist Voraussetzung zur Mitgliedschaft.[*] Andere verfolgen auch wirtschaftliche Interessen. Teilweise geht es ausschließlich um Enrichmentprogramme in den Ferien.[**] Größtenteils sind sie nur regional tätig. Keine der anderen Gruppierungen hat eine bundesweit funktionierende Struktur. Weil aber Eltern hochbegabter Kinder ihr Problem auf den Nägeln brennt und wirklich jede Hilfe genutzt und gebraucht wird, die zur Verfügung steht, deshalb betrachten sich die verschiedenen Organisationen nicht unbedingt als Konkurrenz. Teilweise veröffentlichen sie Hinweise auf ihre Veranstaltungen auch in der Zeitschrift der DGhK. Sie können ohne weiteres davon ausgehen: Wenn es im Umfeld Ihres Wohnorts oder im speziellen Interessenbereich Ihres Kindes Angebote gibt, die nicht von der DGhK durchgeführt und getragen werden, sondern von anderen Vereinigungen, dann werden Sie auch innerhalb der DGhK davon erfahren und darauf hingewiesen. (Andere verfahren umgekehrt genauso.)

6) »Sind dort nicht hauptsächlich nur Eltern aus besseren Kreisen?« Tatsächlich sind in der DGhK manche Berufsgruppen überrepräsentiert, wie etwa Lehrer, Rechtsanwälte und Ärzte als Eltern. (Ob das »bessere Kreise« sind, darüber ließe sich lange diskutieren.) Die Gründe für das Überwiegen bestimmter Berufsgruppen liegen aber nicht etwa im übertriebenen Ehrgeiz karriereorientierter Eltern, sondern sie sind in

---

[*] Hochbegabtenförderung e.V., am Pappelbusch 45, 44803 Bochum
MENSA in Deutschland e.V, Münzstraße 6, 51063 Köln
[**] Universitäts Sommer-Enrichment, Postfach 100 436, 41704 Viersen

anderen Bereichen zu suchen. Zum einen sind Vertreter dieser Berufe nicht nur in der DGhK, sondern auch in allen anderen Selbsthilfegruppen gehäuft zu finden – ein Zeichen für ihre besondere Bereitschaft, sich in dieser Art und Weise zu engagieren und auf diesem Weg Hilfe zu suchen. Zum anderen haben sie schon von Berufs wegen teilweise Erkenntnisse, Einstellungen und Fähigkeiten, die sie das Problem Hochbegabung bei ihren Kindern vielleicht etwas früher als andere erkennen lassen bzw. die dazu führen, daß sie gangbare Wege sehen, um den Kindern zu helfen, die von anderen gar nicht ohne weiteres erkannt werden. Schließlich führt auch die soziale Situation in solchen Familien sicher dazu, daß Hochbegabung automatisch etwas schneller festgestellt werden kann. Das hochbegabte Kind eines Lokführers oder eines Straßenarbeiters wird es leider sicher etwas schwerer haben, von den Eltern, von Kindergärtnerinnen oder von Grundschullehrern als solches erkannt zu werden.

Eines darf man jedoch auch nicht übersehen: Es gibt sicher etliche ganz normal begabte Ärzte oder Professoren, manche normal begabten Rechtsanwälte, etliche normal begabte Psychologen und sehr viele normal begabte Lehrer. Trotz der Förderung für ihre Kinder, die sie möglicherweise dank ihrer sozialen Stellung haben, haben sie auch recht oft ganz normal intelligente und oft auch gut begabte Kinder – aber eben keine hochbegabten. Allerdings sind die Eingangsvoraussetzungen und die nötige Motivation für das Studium der Medizin, der Rechtswissenschaft oder der Psychologie und für die Habilitation aber so hoch, daß man davon ausgehen kann: Unter Ärzten, Psychologen, Professoren und Rechtsanwälten findet man sicher häufiger als in der Durchschnittsbevölkerung auch hochbegabte Eltern, die ihre Fähigkeiten teilweise an ihre Kinder vererbt haben. Hochbegabung kommt in diesen »Kreisen« bei Kindern häufiger vor.

Andererseits braucht niemand sich als Elternteil zu schämen

oder unterlegen zu fühlen, wenn er kein Studium, keinen Meistertitel oder keinen hochdotierten und anerkannten Beruf hat. Schicksalsschläge, Krisen und Brüche im Lebensweg können dazu geführt haben, daß man nicht sein volles Lernpotential hat ausschöpfen können. Hinzu kommt: Früher waren höhere Schulbildung und längere Ausbildungszeiten auch mit erheblichen Kosten verbunden. Der Zugang zum Beispiel zum Gymnasium war damit rein faktisch den einkommensschwächeren Schichten verwehrt. Man kann davon ausgehen, daß es auch unter den Erwachsenen ohne Abitur eine ganze Menge Menschen gibt, die gut begabt, sehr gut begabt oder hochbegabt sind, ohne daß sich das in ihrem jetzigen Beruf ausdrückt. Schon im ersten Kapitel habe ich ja meine Überzeugung ausgedrückt: Hochbegabte Erwachsene sind nicht nur in akademischen Berufen zu finden. Die Zugehörigkeit zu bestimmten Gesellschaftsschichten oder Berufszweigen ist außerdem kein Kriterium dafür, menschlich qualifiziert zu sein.

Wer also Berührungsängste hat, weil er sich aufgrund seiner sozialen Stellung anderen Eltern unterlegen fühlt, sollte seine Einstellung gründlich überdenken. Auf der einen Seite sollte man sich klarmachen: Einem Kind, das hochbegabt ist und damit einigermaßen zufrieden aufwachsen kann, stehen die Türen zu den meisten akademischen Studien offen. (Ob es hindurchgeht, ist seine Sache und muß nicht immer richtig sein.) Deshalb wirkt eine allzu große und durch eigene Angst verursachte Selbstbeschränkung (»in diesen Kreisen fühle ich mich unwohl – damit will ich nichts zu tun haben«) auch auf das Kind unmittelbar hemmend. Auf der anderen Seite gilt: Hochbegabung ist durchaus nicht nur an bestimmte Sozial- und Bildungsschichten gebunden. Hochbegabte Kinder kommen in ganz normalen oder auch in sehr einfachen Familien vor. Gerade deshalb wäre es besonders wichtig, wenn man mit seiner eigenen Mitgliedschaft dazu

beitragen kann, das übermäßige Auftreten einzelner Berufsgruppen innerhalb der DGhK ein bißchen einzuschränken.

Sollte man die Hochbegabung testen lassen?

Eine der häufigsten Fragen an die DGhK lautet, wo man
denn ein Kind, das vermutlich hochbegabt ist, testen lassen
könne. Manche Eltern erhoffen sich von einem Testergebnis
oder einem psychologischen Gutachten, damit besser gegenüber der Schule oder dem Kindergarten argumentieren zu
können.

Nun – daß die DGhK in Anlehnung an ihr englisches Vorbild Intelligenz- und Begabungstests nicht als Voraussetzung
zur Mitgliedschaft ansieht, hat seine guten Gründe. Wesentlicher als die Frage, *wo* man Tests durchführen lassen kann,
scheint deshalb häufig die Frage zu sein, *ob* man überhaupt
einen Test nötig hat. In vielen Fällen heißt die Antwort:
nein.

Sie haben bereits gesehen: Der Begriff »Begabung« umfaßt
viele verschiedene Bereiche, die bei »Hochbegabung« noch
differenzierter sein können als sonst. Begabung ist selbstverständlich vom grundsätzlichen Leistungsvermögen abhängig,
das in verschiedenen Bereichen unterschiedlich sein kann.
Merkfähigkeit, Kombinationsfähigkeit und die Geschwindig-
keit der Informationsverarbeitung sind beispielsweise solche
Bereiche, die man sich zum großen Teil als völlig unabhängig von äußeren Einflüssen vorstellen kann. Andere, wie
Sprache und allgemeines Wissen, sind mit Sicherheit sehr
von den Bedingungen abhängig, unter denen ein Kind aufwächst. Ist der fünfjährige Arztsohn mit umfangreichem Wissen und differenziertem Wortschatz also klüger als ein ande-

rer Gleichaltriger, mit dem bis dahin kaum gesprochen und gespielt wurde? Antworten darauf versuchen Tests zu geben, die die »allgemeine Intelligenz« untersuchen, unabhängig von Sprache, Wissenserwerb und vorherigem Funktionstraining.

Nicht alle Bereiche dessen, was man zu Begabung zählt, können aber überhaupt gemessen werden: Wie soll man Spontaneität messen? Gibt es Möglichkeiten zur größenordnungsmäßigen Bestimmung von Kreativität? Läßt sich Humor mengenmäßig festlegen? Wie will man feststellen, welche Faktoren dafür verantwortlich sind, daß ein Kind offensichtlich musikalisch begabt ist und dies sich deutlich in der Vorliebe für ein ganz bestimmtes Instrument äußert – so daß also eine Begabung für Musik und eine Hochbegabung für Streichinstrumente vorliegt? Ebenfalls kaum meßbar ist der Bereich sozialer Begabung: die Fähigkeit, sich in andere hineindenken und -fühlen zu können, Gruppenprozesse schnell und sicher zu erfassen und in diesem Bereich erfolgreich zu handeln. Sie ist sehr verwandt mit der emotionalen Begabung. Gerade in letzter Zeit wird im besonderen diskutiert, ob nicht soziale und emotionale Begabung für Schul- und Lebenserfolg weit mehr den Ausschlag geben als das, was üblicherweise als Intelligenz gilt. Selten berücksichtigt wird außerdem die Frage, ob es nicht auch so etwas wie eine religiöse oder philosophische Begabung gibt – die Fähigkeit, schon im frühen Alter grundlegende metaphysische Fragen zu formulieren und in einer Verknüpfung von intellektuellen, sozialen und emotionalen Faktoren für sich selbst die richtigen Antworten zu finden.

Weiter ist zu berücksichtigen, daß bestimmte Persönlichkeitsfaktoren hinzutreten müssen, damit Begabung verwirklicht werden kann: Motivation, Freude und Geschicklichkeit zum Beispiel. Wem die Lust am Lernen ausgetrieben wurde, der kann seine Begabung nicht entfalten. Alle Testergebnisse können auf eine große mathematische Begabung hindeuten, wenn aber keine entsprechende Freude an diesem Fachgebiet besteht, nützt das nichts. Und höchste Begabungen können dann nicht verwirklicht werden, wenn die körperlichen Voraussetzungen nicht gegeben sind, um sie umzusetzen (ein ganz wesentliches Problem bei behinderten oder chronisch kranken Hochbegabten).

Seien Sie also sicher: Was immer mit Tests bei Psychologen, Ärzten oder in Beratungspraxen gemessen werden kann – es kann nur einen kleinen Teilbereich dessen umfassen, was als Begabung bezeichnet wird. Bei vielen hochbegabten Kindern wird diese Eigenschaft in vieler Hinsicht im Lauf ihrer Entwicklung ganz offensichtlich. So, wie man nicht nachwiegen oder nachmessen muß, um zu sagen, daß ein bestimmtes Kind ganz besonders dick oder ganz besonders groß ist, so brauchen Sie in vielen Fällen keine Tests, um sagen zu können, daß jemand ganz besonders begabt ist.

Das gilt um so mehr, als auch Testergebnisse keine eindeutigen und unveränderlichen Ergebnisse erbringen. Deshalb ist die unmittelbare Verknüpfung eines bestimmten Testergebnisses mit dem Begriff »Hochbegabung« sehr fragwürdig.

Die Tests, die zur Bestimmung der Begabung herangezogen werden, sind in den meisten Fällen Intelligenztests, die in den verschiedenen einigermaßen meßbaren Bereichen versuchen, die allgemeine Intelligenz zu bestimmen. Als Meßgröße hat sich – neben anderen – verbreitet der »Intelligenzquotient« eingebürgert, oft als IQ abgekürzt. Ein Wert von 100 gilt als Mittelwert. Einen IQ zwischen 85 und 115 haben mehr als zwei Drittel der Bevölkerung. Diese Abweichung um 15 Punkte vom Mittelwert nach oben oder nach unten wird als Streubreite bezeichnet. Verdoppelt man die Streubreite erneut um 15 Punkte, erreicht man die Werte von 70 bzw. von 130: IQ-Werte unter 70 haben nur noch 2 Prozent der Bevölkerung (diese Menschen gelten in aller

Regel als geistig behindert). IQ-Werte über 130 haben ebenfalls nur noch 2 Prozent der Bevölkerung – und diese außergewöhnliche Abweichung nach oben stellt in vielen Untersuchungen den Grenzwert dar, von dem ab man sagt: Hier liegt Hochbegabung vor.

Mißt man in dieser Weise die Intelligenz von Kindern, die im Leistungsbereich sehr auffällig sind, dann kommt allzu oft genau das heraus, was man durch längere Beobachtung auch so schon weiß: daß das eine Kind deutlich unterdurchschnittlich intelligent und das andere deutlich überdurchschnittlich intelligent ist. Stichhaltige Gründe gegen eine allzu präzise Festlegung auf den Grenzwert eines Intelligenzquotienten von 130 oder mehr für die Bezeichnung »Hochbegabung« gibt es deshalb einige.

Der wichtigste ist: Intelligenz kann man nicht messen wie Körpergröße oder Gewicht. Egal, mit welcher Waage Sie sich wiegen – wenn diese Waagen richtig geeicht sind, werden Sie immer dasselbe Übergewicht ablesen können. (Und daß Sie zu dick sind, wußten Sie auch vorher.) Unterschiedliche Intelligenztests führen aber bei ein und derselben Person zu unterschiedlichen Ergebnissen. Sie weichen meist nicht ganz erheblich voneinander ab, aber immerhin doch mit Unterschieden von 10 IQ-Punkten oder etwa mehr, so daß der Grenzwert 130 durchaus mit dem einen Testverfahren erreicht und mit dem anderen nicht erreicht werden kann. Mit dem einen Testergebnis hochbegabt – aber mit dem anderen nicht? Das kann doch wohl nicht sein! – und es führt oft dazu, daß jede Seite verständlicherweise nur die Ergebnisse zur Argumentation verwendet, die ihrer Sicht entsprechen.

Besonders deutlich wurde dies, als Anfang der achtziger Jahre ein weit verbreiteter Intelligenztest für Kinder einer Revision unterzogen wurde und danach in einer neuen Ausgabe erschien, bei der viele Kinder nun deutlich »schlechter« abschnitten. Waren die Kinder, die kurz vor dem Erscheinen der revidierten Testausgabe in der alten Testform noch einen IQ über 130 hatten, plötzlich nicht mehr hochbegabt? Sicher nicht – aber genauso unzulässig war es eigentlich, nach dem Erscheinen der revidierten Testfassung noch mit der alten Ausgabe zu testen, weil man sich sicher sein konnte, hier deutlich höhere Werte zu erreichen.

Außerdem sind Tests (ähnlich wie das Messen von Puls und Blutdruck) grundsätzlich ein bißchen abhängig von der Tagesform des Getesteten: Müdigkeit, Krankheit, Unlust, Lärm im Nebenraum, Aufregung, großer Erwartungsdruck in Bezug auf das Ergebnis, ein unsympathischer Tester und Ärger mit den Eltern vor dem Test können Ergebnisse deutlich negativ beeinflussen. Unter den herausragendsten Bedingungen kann dementsprechend aber auch einmal ein Einzelergebnis erreicht werden, das später nie mehr wiederholt werden kann. – Diese möglichen Schwankungen werden grundsätzlich beim Begriff des »Standardmeßfehlers« eines Intelligenztests berücksichtigt. Dieser Standardmeßfehler beträgt 5 Punkte nach oben oder nach unten, das heißt: Bei einem Meßergebnis von genau 130 liegt der wahre Wert mit sehr großer Sicherheit im Bereich zwischen 125 und 135.

Berücksichtigt man das, bedeutet das aber, daß auch Kinder mit einem gemessenen Ergebnis von 125 hochbegabt sein können (denn unter Einberechnung des Standardmeßfehlers könnten sie auch einen IQ von 130 haben).

Mit einem IQ von 125 also gerade noch hochbegabt – mit einem IQ von 124 aber auf keinen Fall? Diese Frage zeigt das Unsinnige auf, wenn man den Begriff Hochbegabung zu sehr an einen präzisen IQ-Wert knüpft. (Das Problem ist alt: Welches Korn macht viele Körner zu einem Haufen? Zwar können Sie einen großen Haufen Getreide von ein paar Körnern unterscheiden. Sie können aber nicht das Korn bestimmen, durch das aus einem kleinen Haufen ein großer wird). Mit Sicherheit besteht hier eine Grauzone, innerhalb der über Hochbegabung nicht nur der zu messende Intelligenz-quotient, sondern auch Haltung, Förderung, Motivation und Spaß entscheiden. Damit ist unbenommen, daß für Forschungszwecke solche Grenzwerte festgelegt werden müssen. Im Alltag sind sie aber untauglich.

Gerade wegen des Standardmeßfehlers setzt man sich im Grunde auch bei allen, die von Intelligenzmessung etwas verstehen, der Lächerlichkeit aus, wenn man allzu sehr betont: »Meine Tochter hat einen IQ von 143, mein Sohn sogar einen IQ von 147.« Denn: Beide IQs decken in weiten Teilen den gleichen Bereich ab. Sie können völlig identisch sein.

Bei der Durchführung von Tests besteht eine weitere Gefahr: Die Testergebnisse können falsch sein. Sie können vom Tester auch falsch interpretiert werden.

Die Ergebnisse von Intelligenztests sind von der Durchführung durch den Tester und von der Mitarbeit des Getesteten sehr abhängig. Wenn es nicht gelingt, eine angstfreie Atmosphäre zu schaffen, innerhalb der das Kind gern mitarbeitet, kommt man zu niedrigeren Ergebnissen – und möglicherweise zum falschen Eindruck, daß keine Hochbegabung vorliegt. Falsche Ergebnisse bei hochbegabten Kindern entstehen insbesondere auch dann, wenn das Kind mauert – wenn es also seine Hochbegabung nicht zeigen will, wenn es absichtlich falsche Antworten ankreuzt, wenn es extra trödelt und dergleichen. Gerade weil hochbegabte Kinder sehr selten sind, müßte aber der Testleiter auch eine besondere Qualifikation haben, eben das zu erkennen, zu beurteilen, durch geeignete Interventionen zu verhindern oder zumindest in seiner Testinterpretation aufzunehmen.

Falsche positive Ergebnisse – zu hohe Meßwerte und damit die falsche Zuschreibung von Hochbegabung – gibt es auch: Wenn der Test von jemandem durchgeführt wird, der unbedingt die Hochbegabung eines Kindes nachweisen will, ist es keine Schwierigkeit, durch unmerkliche Hilfestellungen, Unterstützungen, Ausweitung der Zeitgrenzen u. ä. das Testergebnis zu beeinflussen (oder durch Auswahl eines veralteten Testverfahrens, wie eben beschrieben). Intelligenztests sollten deshalb in neutraler Atmosphäre stattfinden. Jede Voreingenommenheit des Testers sollte ausgeschlossen sein. Mütter oder Väter, Tanten, Onkel, enge Freunde und Nachbarn sind deshalb selbst dann keine guten Testleiter für hochbegabte Kinder, wenn sie Psychologen oder testpsychologisch ausgebildete Pädagogen sind. Mit einem so erstellten Gutachten können Sie nirgends glaubwürdig argumentieren.

Grundsätzlich falsche Testergebnisse sind im übrigen um so wahrscheinlicher, je jünger das Kind ist: Zum einen sind jüngere Kinder sehr viel deutlicher von der Tagesform und der Testatmosphäre abhängig als ältere. Zum anderen gibt es ganz einfach kaum Tests, die bei Vorschulkindern schon ziemlich sichere und verläßliche IQ-Werte liefern: Die meisten Intelligenztests für Kinder sind erst für das Schulalter konzipiert.

Aus allem folgt: Wann immer es geht, sollten Sie sich mehr auf Ihren persönlichen Eindruck über Ihr Kind verlassen – und weniger auf Tests. Hochbegabung wird bei vielen Kindern im Lauf von Jahren ganz offensichtlich. Versuchen Sie, den allgemeinen Eindruck von Hochbegabung bei sich selbst zu sichern und zu überprüfen. Wie Sie dazu auch die Beobachtungen anderer Menschen heranziehen können, steht in den folgenden Kapiteln.

Seien Sie sich sicher: Das Ergebnis eines Intelligenztests, der Hochbegabung nachweist, ändert kaum etwas an der Art und Weise, wie Sie und andere mit dem Kind umgehen. Je früher Sie Tests durchführen lassen, desto höher ist im übrigen die Wahrscheinlichkeit, ein falsches (oft ein zu schlechtes) Ergebnis zu erhalten. Weil manche Lehrer auch über die hier dargestellte Kritik an standardisierten Intelligenztests Bescheid wissen und teilweise sogar ausgesprochen testfeindlich eingestellt sind, nützen Ihnen selbst Tests mit einem Spitzen-IQ zur Argumentation vor allem in der Schule wenig. Den Lehrern ist in aller Regel der sichtbare Schulerfolg wichtiger als die meßbare Intelligenz.

Tests zum Nachweis von Hochintelligenz und Hochbegabung sind aber insbesondere in folgenden Fällen nötig und sollten auch durchgeführt werden – dann aber von qualifizierten Psychologen, die sich in diesem Bereich auskennen und die vor allem fähig sind, falsche negative Ergebnisse bei hochbegabten Kindern durch eine entsprechende Verhaltensbeobachtung zu erkennen:

● wenn die Schule oder außerschulische Institutionen von der Hochbegabung eines Kindes überzeugt sind, ohne daß die Eltern dies einsehen und entsprechend darauf reagieren,

● wenn die Eltern von der Hochbegabung des Kindes überzeugt sind und dies nicht der Schule vermitteln können, aber der sichere Eindruck besteht, daß sich die Schule durch Testergebnisse und Gutachten überzeugen lassen würde,

● bei umfangreichem Schulversagen und dann, wenn viele offensichtliche oder einige bedeutende Anzeichen für das Vorliegen von Hochbegabung sprechen, ohne daß sich das auch nur annähernd in schulischen Leistungen ausdrückt – als Grundlage für weitere Schullaufbahnplanung,

● bei therapeutischer Beratung und Behandlung, wenn umfangreiche Verhaltensstörungen oder psychosomatische Erkrankungen bestehen, deren Ursachen eventuell in der Hochbegabung des betroffenen Kindes oder Jugendlichen liegen – als Grundlage für das weitere Vorgehen.

Die Kindergartenzeit

Der Kindergartenbesuch ist kein Muß

Es gibt viele verschiedene und sehr unterschiedliche Gründe, die die Eltern veranlassen, ein Kind in den Kindergarten zu schicken, zum Beispiel:

- Alle anderen Geschwister gingen auch in den Kindergarten.
- Alle Nachbarskinder gehen in den Kindergarten.
- Ein Baby oder weiteres jüngeres Kind ist im Haus, und man möchte nun etwas mehr Zeit für dieses Kind haben.
- Der Umgang mit dem Kind ist für die Eltern so anstrengend, daß sie froh sind, durch den Kindergarten wenigstens ein paar Stunden am Tag das Kind woanders betreut zu wissen und etwas Ruhe zu haben.
- Ein Elternteil plant, nach einer Pause wieder eine Berufstätigkeit aufzunehmen oder zu intensivieren. Das ist nur möglich, wenn das Kind den Kindergarten besucht.
- Aus finanziellen Gründen muß wieder eine Berufstätigkeit aufgenommen werden. Eine andere Betreuungsmöglichkeit ist nicht vorhanden.
- Das Kind möchte selbst sehr gern in den Kindergarten gehen, weil dort auch Freunde und Freundinnen sind.
- Die Eltern erwarten sich vom Kindergarten Abwechslung und Spaß für das Kind. Sie hoffen, daß es sich dort wohler fühlen kann, als stundenlang allein zu Hause zu spielen.

- Die Eltern hoffen auf mehr Anregung für das Kind, als sie ihm selbst bieten können: durch Spiele, Bastel- und Malmaterial, Bilderbücher, Sport, Feiern und Veranstaltungen.

Ganz egal, welcher dieser Wünsche im Vordergrund steht – alle Gründe sind legitim und berechtigt.

Trotzdem sollte man sich klarmachen, daß es zwar einen allgemeinen Trend zum Besuch eines Kindergartens gibt, aber keinen Zwang. Deshalb sollte man sich auch überlegen, welche Gründe man hat, ein Kind in den Kindergarten zu schikken, und ob man nicht womöglich an den Kindergartenbesuch völlig falsche Erwartungen knüpft. Eine weitverbreitete Hoffnung, die viele Eltern und gerade auch Eltern von hochbegabten Kindern haben, ist nämlich in aller Regel unberechtigt: Die Annahme ist falsch, daß ein Kind im Kindergarten schon einmal vorsorglich für die Schule lernen kann, sich bestimmten Regeln anzupassen, und daß es außerdem den sozialen Umgang mit anderen Kindern lernen kann, vor allem den Umgang mit Gleichaltrigen.

Demgegenüber ist festzustellen: Die Fähigkeit, sich den Regeln einer Institution anzupassen, ist weitgehend ein Reifeprozeß und kein Lernprozeß. Ein Kind, das bereits seit dem zweiten Lebensjahr regelmäßig in einem Kinderhort betreut wurde, verhält sich deshalb als dreieinhalbjähriges Kindergartenkind nicht wesentlich anders als eines, das im gleichen Alter zum ersten Mal eine vergleichbare Einrichtung besucht. Fünfjährige, die bereits ein Jahr den Kindergarten besucht haben, kennen zwar die Regeln ein bißchen besser als die hinzukommenden »Neuen«. Dieser Vorsprung ist aber ein reiner Wissensvorsprung, und er wird in wenigen Tagen eingeholt. Grundschullehrer, die ehrlich beurteilen sollen, ob der Besuch eines Kindergartens die entsprechenden Kinder zu ruhigeren, anpassungsfähigeren und lernbereiteren Kindern macht als jene, die keinen Kindergarten besuchten, werden nahezu keinen Unterschied feststellen. Ob Kindergartenbesuch oder nicht: Schulanfänger verhalten sich ähnlich. Bestehende Unterschiede verwischen sich in sehr kurzer Zeit (oder nie).

Dasselbe gilt für das soziale Verhalten: Allein durch seinen bereits einjährigen Kindergartenbesuch hat ein Fünfjähriger keinen Vorsprung im Umgang mit anderen gegenüber den »Neuen«. Manche Lehrer berichten sogar über ganz besonders soziales Verhalten bei den Kindern, die keinen Kindergarten besucht haben: Sie haben ganz einfache reifere Strategien, sich gegenüber anderen durchzusetzen oder auch ihnen gegenüber freundlich und hilfsbereit zu sein, als jene Kinder, die womöglich durch den turbulenten Anfang einer dreijährigen Kindergartenzeit auch gewohnt sind, ihre Interessen ohne viel Rücksicht auf andere zu vertreten.

Die geforderte Notwendigkeit schließlich, unbedingt mit Gleichaltrigen umgehen zu müssen, ist insgesamt eine leider weitverbreitete pädagogische Vorstellung, die keiner Begründung standhält. Sie wird in der Schule auch überhaupt nicht verlangt. In der ersten Klasse jeder Grundschule und damit auch in jeder weiteren Klasse befinden sich Kinder in einer Altersspanne von fast zwei Jahren – ein Unterschied von einem Drittel des Lebens eines Sechsjährigen. Im Extremfall ist es möglich, daß der Altersunterschied bereits in der ersten Grundschulklasse zweieinhalb Jahre beträgt und dann in höheren Klassen, wenn Wiederholer hinzukommen, sogar dreieinhalb Jahre!

Hinter der Vorstellung, ein Kind müsse mit Gleichaltrigen umgehen können, verbirgt sich die Ansicht, daß Gleichaltrige viel gemeinsam haben müssen. Das ist aber gar nicht der Fall. Ganz offensichtlich sind doch die Entwicklungsunterschiede schon bei Dreijährigen beträchtlich. Das betrifft zum Beispiel die körperliche Entwicklung und damit auch Kraft und Stärke: Kleine und große Dreijährige unterscheiden sich ohne weiteres um weit mehr als 20 Zentimeter Körpergröße. Es betrifft die Geschicklichkeit in allen Bereichen: Manche können ohne Stützräder Fahrrad fahren, andere können schon schwimmen. Einige ziehen sich selbständig an und können nicht nur Knöpfe und Reißverschlüsse schließen, sondern auch Schleifen binden, andere brauchen komplett beim Anziehen Hilfe von Erwachsenen. Manche können sicher zeichnen, ausmalen oder mit der Schere umgehen, während andere nicht wissen, wie sie einen Stift halten sollen. Es betrifft auch das Spielverhalten: Einige können ohne weiteres mit Vier- und Fünfjährigen gleichrangig spielen und mit ihnen umgehen. Anderen ist viel mehr geholfen, wenn sie noch auf kleinkindhaftem Niveau spielen und sich verhalten dürfen. Ähnliches gilt für den sprachlichen Bereich: Dreijährige haben auf der Ebene der sprachlichen Entwicklung einen unterschiedlichen Wortschatz zwischen 250 und 3 000 Wörtern. Deshalb kann weder das Kind mit dem geringen Wortschatz von dem Kind mit dem hohen Wortschatz profitieren, bloß weil es gleichaltrig ist (es braucht andere und gezieltere Hilfe und Unterstützung von Erwachsenen), noch kann das sprachlich gewandte Kind in irgendeiner ihm gemäßen Form mit ihm reden. Die Fiktion von der Notwendigkeit, hauptsächlich mit Gleichaltrigen umgehen zu können, schadet deshalb in beide Richtungen: Sie überfordert das Kind, das noch nicht so weit ist, und sie unterfordert das Kind, das weiter ist.

Für Sie als Eltern eines möglicherweise hochbegabten Kindes haben diese Überlegungen Konsequenzen. Sie sollten sich *vor* dem Eintritt in den Kindergarten genauer überlegen, wie Sie Ihr Kind einschätzen. Vermutlich haben Sie darüber bestimmte Vorerfahrungen beim Besuch bei Freunden, Bekannten oder Verwandten sammeln können, die Kinder im ähnlichen Alter haben.

Haben Sie vielleicht ein hochbegabtes Kind, das ohne allzuviel Schwierigkeiten mit Gleichaltrigen umgehen kann? Das gibt es! Sehr lebendige und an wirklich allem und jedem interessierte hochbegabte Kinder kommen vor allem deshalb mit anderen gut zurecht, weil sie ihre Kontakte nicht so sehr an einzelnen Personen orientieren, sondern an dem, was gerade sachlich gemacht wird. Wenn sie Lust haben, im Sand eine komplizierte Burganlage zu entwerfen, kommen sie auch mit den Kindern klar, die dabei weniger durch Planung und Gestaltung mitwirken, sondern mehr durch kräftiges Schaufeln und Herankarren begeistert mitmachen. Wenn sie gern turnen wollen, kommen sie mit den Kindern zurecht, die das auch gern tun. Sie malen, spielen, singen, basteln, kneten oder toben dann, wenn es ihnen Spaß macht, jeweils mit denen, die dieses momentane Interesse teilen. So ein Kind wird auch mit seiner Hochbegabung in einem guten Kindergarten gut aufgehoben sein.

Haben Sie ein Kind, das ähnlich vielseitig interessiert ist, aber doch am liebsten Spielpartner wählt, die ein bis zwei Jahre älter sind, und das mit gleichaltrigen oder gar jüngeren Kindern nicht viel anfangen kann? Machen Sie sich dann noch einmal selbstbewußt klar: Nicht mit Gleichaltrigen umgehen können ist kein Defizit Ihres Kindes. Daran brauchen Sie nichts zu ändern. Auch dieses Kind können Sie aber gut und gern in den Kindergarten schicken, falls der Kindergarten – wie es heute vielfach, aber eben nicht überall üblich ist – altersgemischte Gruppen hat. Es wird sich dort mit ziemlicher Sicherheit den älteren Kindern anschließen, in ihnen gute Spielpartner finden und diesen Kindern auch ein guter Spielpartner sein. Für solche Kinder wird allerdings das letzte Kindergartenjahr ein echtes Problem, wenn alle ihre vormaligen Spielkameraden bereits in der Schule sind. Wenn es irgendwie möglich ist, sollten Sie dann eine vorzeitige Einschulung anstreben.

Möglicherweise haben Sie aber ein hochbegabtes Kind, das eher sehr zurückhaltend, scheu und sensibel ist und beim

Umgang mit anderen Kindern allenfalls einen festen Freund oder eine feste Freundin bevorzugt. Diese Charaktereigenschaften findet man vor allem dann, wenn ein Kind sehr viel auch an sozialen Beziehungen beobachtet, aufnimmt und das nicht nur gefühlsmäßig, sondern auch verstandesmäßig zu verarbeiten versucht. Möglicherweise haben Sie aber auch ein hochbegabtes Kind, das Sie selbst schon eher als eigensinnig und nur schwer lenkbar empfinden. Seine Interessen und sein zielgerichteter Wille sind schon dermaßen ausgeprägt, daß es sich nicht von einmal gefaßten Entschlüssen und Vorhaben abbringen läßt. Erwarten Sie bitte nicht, daß Ihr Kind diese Eigenschaften im Umgang mit gleichaltrigen Kindern im Kindergarten ablegen wird. Diese Verhaltensweisen hängen unmittelbar mit seiner Hochbegabung zusammen und entstehen durch die fehlende Balance zwischen intellektueller und emotional-sozialer Entwicklung. Das ist nicht automatisch durch das Zusammensein mit anderen Kindern zu lösen. Je jünger Ihr Kind ist, desto weniger wird es ihm gelingen, im Kindergarten zurechtzukommen, und die Eigenschaften, von denen Sie sich wünschen, daß es sie ablegt, werden sich eher verstärken.

Wahrscheinlich werden Sie von den meisten Menschen Ihrer Umgebung, die von Hochbegabung nichts wissen, den entgegengesetzten Rat bekommen: Sinnvoll ist es aber, solche Kinder *nicht* sehr früh in den Kindergarten zu schicken. Vor allem mit Jan haben wir ein Kind erlebt, für das das erste Jahr im Kindergarten trotz freundlichster Atmosphäre, die durch die Gruppenleiterin vermittelt wurde, eher eine Belastung war, weil er mit dreieinviertel Jahren noch viel zu jung dafür war, sein Beobachtungs- und Denkvermögen mit seinen Gefühlen in Einklang zu bringen. Er hat es ausgehalten. Aber er hat nichts Positives davon gehabt. Im letzten Kindergartenjahr ist er zwar aus sich herausgekommen, und er hat die für diese Entwicklung sehr aufmerksamen Erzieherinnen durch sein Wissen, sein Denkvermögen und seine Fähigkeit, mit anderen Kindern umgehen zu können, in Erstaunen versetzen können. Das lag aber nicht an irgend etwas, was er im ersten Jahr gelernt hätte, sondern daran, daß er eben zu diesem Zeitpunkt reif genug war, die Geschehnisse im Kindergarten gefühls- und verstandesmäßig zu verarbeiten – wie es eben seine Art ist. Unsere Erfahrung deckt sich mit anderen, auch mit schlimmeren Fällen, wo es hochbegabten Kindern nicht gelungen ist, die negativen Erfahrungen im ersten von zwei bis drei Kindergartenjahren wegzustecken. Dadurch sind sie viele Jahre geprägt worden.

Wahrscheinlich braucht auch Ihr Kind einfach etwas mehr Zeit zu Hause, um dann als Fünfjähriges vielleicht die innere Stärke entwickelt zu haben, mit den Gefühlen und Überlegungen zurechtzukommen, die es als Dreijähriges oder Vierjähriges überschwemmen und völlig hilflos machen: »Weshalb prügeln sich dahinten zwei Kinder?« – »Warum weint das Mädchen?« – »Warum tröstet es keiner?« – »Weshalb darf ich jetzt nicht tun, was ich will?« – »Warum sieht keiner, was ich alles kann?« – »Warum hat mir jemand etwas weggenommen?« – Warum singen wir, wenn ich lieber malen will?« – »Weshalb schimpft die Kindergärtnerin mit allen, ich habe doch nichts getan?«

Ein Jahr Kindergarten kann durchaus genug sein für ein hochbegabtes Kind. Und auch keinen Kindergarten zu besuchen, hat Kindern nicht geschadet, wenn zu Hause genug Zeit für Anregung, Förderung, Zuwendung und Weiterentwicklung von Fähigkeiten und Fertigkeiten besteht.

Was kann ich vom Kindergarten erwarten?

Kindergärten können gut sein, aber auch mittelmäßig oder ganz schlecht. Eltern von Kindern mit speziellen Problemen, wie Sie bei Ihrem Kind mit der Hochbegabung, sollten deshalb nicht unbedingt den Kindergarten nur danach auswählen, ob er in nächster Nähe liegt: Dies Auswahlkriterium *kann* zwar richtig sein, wenn damit gewährleistet ist, daß Ihr Kind mit seinem besten oder einzigen Freund zusammen ist. Es gibt aber auch andere Überlegungen, die Sie unbedingt anstellen sollten. Über die meisten der hier angesprochenen Fragen können Sie sich durchaus schon Monate vorher informieren.

Der ideale Kindergarten für Ihr Kind hat schon mehrfach mit hochbegabten Kindern zu tun gehabt. In ihm sind die Erzieherinnen über die grundlegenden Ergebnisse der Hochbegabtenforschung informiert. Der Kindergarten hat die erklärte Absicht, neben einer ganz normalen Zusammensetzung von Kindern aus dem näheren Wohnumfeld mehrere hochbegabte Kinder zusammenzuführen und ihnen die Begegnung mit ihresgleichen zu ermöglichen. Neben einer kindergartenüblichen Ausstattung an Spiel- und Lernmaterial sind hier auch andere Dinge zu finden, die zum besonderen Interessenbereich von hochbegabten Kindern gehören: Schreibmaschinen oder Computer, Lese- und nicht nur Bilderbücher, Experimentierkästen, Lupen und Mikroskope. Vielleicht findet eine Begleitung durch ein psychologisches oder pädagogisches Forschungsprojekt statt. Solch ein Kindergarten hat nur einen Nachteil: Es gibt ihn zur Zeit nur als ein Modellprojekt in Hannover. Sie müssen also mit anderen Ausstattungen vorlieb nehmen – und dabei können Sie auch sehr gut fahren.

Ein guter Kindergarten führt die Kinder in altersgemischten Gruppen: Dreijährige bis knapp Sechsjährige sind zusammen in einer Gruppe. Ankunftszeiten und Abholzeiten sind gleitend, auch wenn die Anwesenheit zu einer bestimmten Kernzeit gewünscht wird. Das Angebot an unterschiedlichem Spielmaterial ist groß und bietet vor allem sehr viel Material an, das nicht sowieso zur üblichen Ausstattung von Kinderzimmern gehört. Verschiedene Bereiche, in denen unterschiedlich gespielt und gearbeitet werden kann, sind voneinander abgetrennt. Die Kinder sind nicht gezwungen, die gesamte Zeit in einem Bereich oder einem Raum zu verweilen. Sie können über weite Teile des Tages frei entscheiden, wo und was sie spielen und tun wollen. Dazu dürfen sie auch eigenes Spielzeug mitbringen und eigene Anregungen einbringen, die dann aufgegriffen werden. Wenn das Kind lesen und schreiben will, wird ihm das nicht verboten. Es wird aber auch nicht übermäßig dafür gelobt. Auch bei anderen Kindern werden besonders schöne Einzelleistungen, Fähigkeiten und Verhaltensweisen zwar angemessen gewürdigt, aber nicht als etwas Besonderes oder gar für andere Kinder Vorbildhaftes herausgestellt. Die Kinder dürfen, soweit das möglich ist, ohne die Belange von anderen zu beeinträchtigen, ihren eigenen Interessen nachgehen – wenn sie es wollen, auch allein. Spielen in Gruppen wird nicht erzwungen. Es wird allenfalls dazu angeregt, aber nicht gedrängt. Gleichmäßige Abläufe und bestimmte Rituale prägen den Tagesablauf – zum Beispiel durch die Möglichkeit zum Frühstücken, durch regelmäßiges Spielen draußen, durch einen Abschlußkreis mit einem Lied oder einem Gebet. Einmal am Tag wird ein begrenztes Angebot gemacht, bei dem die Teilnahme aller Kinder erwünscht ist. Auch hier wird die freiwillige Nichtteilnahme aber nicht bestraft. Es gibt thematisch gebundene Angebote, für deren Teilnahme sich die Kinder entscheiden können. Wenn solche Angebote sich in erster Linie an die Kinder wenden, die in Kürze in die Schule gehen, werden andere interessierte Kinder trotzdem nicht davon ausgeschlossen. Prügeleien und unangemessene Lautstärke unterbinden die Erzieherinnen bestimmt und konsequent, ohne dabei selbst zu schreien oder gar zu schlagen. Sanktionen und Strafen richten sich immer sachbezogen und einsichtig gegen diejenigen Kinder, die Regeln offensichtlich und absichtlich übertreten haben. Sie bestehen normalerweise in angemessenen Verboten oder darin, entstandenen Schaden wiedergutzumachen. Es gibt keine Kollektivstrafen. Kindern, die Regeln unabsichtlich übertreten, wird dies erklärt und Hilfestellung gegeben, sie in Zukunft einzuhalten. Ältere oder jüngere Geschwisterkinder können genauso für eine begrenzte Zeit im Kindergarten sein wie auch die Eltern selbst. Insgesamt herrscht ein freundlicher Umgangston, sowohl zwischen den Erzieherinnen selbst als auch zwischen Erzieherinnen und Kindern und gegenüber den Eltern.

Über viele der hier genannten Punkte können Sie sich bereits vor der Anmeldung Ihres Kindes ein Bild machen: durch Gespräche mit der Kindergartenleitung, durch Nachfragen bei mehreren Eltern, die ihre Kinder schon in diesem Kindergarten hatten (eine Einzelmeinung reicht hier nicht), aber auch durch einen oder mehrere Besuche mit Ihrem Kind in dem Kindergarten. Das sollte bei einer Atmosphäre, wie sie eben beschrieben wurde, jederzeit möglich sein. Wird es verweigert, dürfen Sie das ruhig als schlechtes Anzeichen sehen.

Ein Kindergarten, der für die allermeisten Kinder nicht geeignet ist und dementsprechend für hochbegabte Kinder ganz besonders schädlich, führt die Kinder in altersgleichen Gruppen und hat Tag für Tag ein festes Programm, bei dem den Kindern vorgeschrieben wird, was getan werden soll. Er verfügt nur über wenig Spielmaterial, das außerdem noch dem entspricht, was die Kinder sowieso im allgemeinen zu Hause haben. Bei einem Besuch können Sie beobachten, daß es im Kindergarten entweder ganz übermäßig ordentlich ist – oder so unordentlich, daß sinnvolles Spielen kaum möglich scheint. Möglicherweise sehen Sie auch, daß Kinder sich anschreien, sich gegenseitig etwas wegnehmen oder sich prügeln (und nicht nur spielerisch raufen), ohne daß die Erzieherinnen wesentlich eingreifen. Selbst wenn Ihnen sehr große Unordnung, aggressiver Umgangston und Prügeleien als kindgemäße Umgebung dargestellt wird, sollten Sie den Besuch eines solchen Kindergartens für Ihr Kind nicht in Betracht ziehen.

An manchen Orten finden Sie Kindergärten spezieller Ausrichtung, wie Montessori-Kindergärten, Waldorf-Kindergärten oder Kindergärten, die in Trägerschaft von Elterninitiativen sind. Globale Aussagen, inwiefern sich diese Kindergärten besonders für hochbegabte Kinder eignen, sind nur ansatzweise möglich. Montessori-Kindergärten entsprechen in Art und Umfang ihrer Ausstattung und ihres pädagogischen Konzepts sicher oft am ehesten dem, was man sich für die Förderung Hochbegabter vorstellt. Ob sich der Montessori-Kindergarten vor Ort für Ihr hochbegabtes Kind eignet, steht und fällt aber auch wesentlich mit dem pädagogischen Vorgehen und dem Umgangston der Erzieherinnen und der Kindergartenleitung. Die Leitung von Montessori-Gruppen ist über manche Strecken sicher anspruchsvoller als im normalen Kindergarten. Wenn hier eine pädagogische Kraft letztlich überfordert ist und entsprechend reagiert, wird sich das auch auf Ihr Kind auswirken.

Bei Waldorf-Kindergärten müssen sie davon ausgehen, daß das pädagogische Konzept – die Anthroposophie Rudolf Steiners – eine relativ strenge Vorstellung davon hat, was für Kinder auf einer bestimmten Altersstufe entwicklungsmäßig gut ist. Frühes Lesen- und Schreibenlernen und frühes Interesse für Mathematik gehören mit Sicherheit nicht dazu. Deshalb kann es sein, daß Ihr Kind in seinem weitgestreuten Interesse und seinem Spaß am freiwilligen Lernen mit den Vorstellungen des Waldorf-Kindergartens in deutlichen Konflikt gerät. Ansonsten ist die Atmosphäre in Waldorf-Kindergärten aber sehr kinderzentriert und annehmend und vermittelt Geborgenheit und Sicherheit. Sie ist vor allem für zurückhaltendere, ruhige, sensible und beobachtende Kinder besonders geeignet.

Kindergärten in der Trägerschaft von Elterninitiativen haben oft ein besonderes Problem. Durch die sehr weitreichenden Mitspracherechte der Eltern über das pädagogische Konzept sind erhebliche Konflikte vorprogrammiert. Andere Eltern können durchaus völlig andere Vorstellungen von richtiger und kindgemäßer Kindergarten-Erziehung haben als Sie. Plötzliche Kehrtwendungen in der einmal eingeschlagenen Richtung sind nicht ausgeschlossen. Dementsprechend findet ein ziemlich häufiger Wechsel bei den beschäftigten Erzieherinnen statt. Daß es im wesentlichen auch die Eltern anderer Kinder sind, die Ihnen als Eltern eines hochbegabten Kindes aus ungerechtfertigtem Neid oder aus Konkurrenzdenken das Leben schwermachen können, werden Sie vielleicht schon erfahren haben. In Kindergärten unter Trägerschaft einer Elterninitiative kann dieses Problem noch erheblich stärker und verschärfter zum Tragen kommen als in anderen.

Mit den Kindergärtnerinnen reden

An einen ganz normalen Kindergarten können Sie keine überhöhten Ansprüche an die fachkundige Begleitung von Kindern mit Sonderproblemen stellen. Das zeigt sich deutlich am durchschnittlichen Alter und an der Ausbildung derjenigen, die hier zusammenfassend als »Kindergärtnerinnen«

bezeichnet werden: Kindergartenleitung und die Gruppenleiterinnen haben normalerweise eine Ausbildung als Erzieherinnen oder Sozialpädagoginnen. Manchmal haben sie auch eine Zusatzausbildung, wie Heilpädagogik oder das Montessori-Diplom. Zwar schreiben die Richtlinien, die den Auftrag des Kindergartens bestimmen, in ähnlicher Weise wie im Land NRW in allen Ländern vor, »dem Kind zur größtmöglichen Selbständigkeit und Eigenaktivität zu verhelfen, seine Lernfreude anzuregen und zu stärken«[*] und »die Entfaltung der geistigen Fähigkeiten und der Interessen des Kindes zu unterstützen«[**]. Die Ausbildung von Erzieherinnen für Kindergärten setzt den Schwerpunkt aber auf die Leitung von Gruppen. Aspekte der Lernleistung von einzelnen Kindern oder gar Informationen über Früherkennung hochbegabter Kinder spielen allenfalls am Rand eine Rolle. Die Ergänzungskräfte oder Zweitkräfte in einer Gruppe brauchen aber nicht einmal diese Ausbildung zu haben; teilweise sind es Kinderpflegerinnen oder völlig ungelernte Kräfte. Manche Kindergärtnerin, der Sie begegnen, befindet sich erst im Anerkennungsjahr. In vielen Kindergärten befinden sich außerdem Auszubildende. Zusätzlich werden Sie im Kindergarten häufiger auf Praktikanten und Praktikantinnen stoßen: normalerweise sind das Schüler und Schülerinnen der zehnten Klassen von Haupt- und Realschulen. Der Beruf »Erzieherin im Kindergarten« ist außerdem oft eine Tätigkeit, die von jüngeren Frauen im Alter zwischen 18 und 25 Jahren nur wenige Jahre ausgeübt wird.

Wenn man davon ausgeht, daß pädagogische Erfahrung und Kompetenz nicht allein durch Ausbildung, sondern auch durch langjährige Praxis entstehen, können Sie in aller Regel nicht irgendwelche Vorerfahrungen mit hochbegabten Kin-

---

[*] (Gesetz über Tageseinrichtungen für Kinder des Landes Nordrhein-Westfalen, Abschnitt 1, § 2, 2)
[**] (ebd., Abschnitt 1, § 2, 6)

dern erwarten – allenfalls bei der Kindergartenleitung oder anderen langjährigen Mitarbeiterinnen.

Das muß nicht immer schlecht sein. Langjährige pädagogische Praxis erzeugt nämlich nicht nur Erfahrung und Kompetenz, sondern oft genug auch Verzicht auf ursprüngliches Engagement und Begeisterung, und im Rahmen längerer pädagogischer Tätigkeit verfestigen sich oft auch Voreinstellungen, die möglicherweise nicht richtig sind. Wenn Sie es also mit einem sehr jungen, aber aufgeschlossenen und freundlichen Kindergartenteam zu tun haben, können Sie das durchaus auf der Positivseite verbuchen. Dabei sollten Sie scheinbare Kleinigkeiten wie diese registrieren: Eine junge Gruppenleiterin hat bei Jan in dem halben Jahr vor seinem Schuleintritt öfter nachgefragt, wenn sie beim Gespräch im »Stuhlkreis« in einer Sachfrage im Zweifel war: »Ich war mir sicher, daß er das weiß«, meinte sie. Darin zeigt sich mehr sinnvoller Umgang mit besonders klugen Kindern, als wenn jemand nach langjähriger Praxis möglicherweise das berechtigte Gefühl hat, bei zuviel Unwissen etwas von seiner Autorität zu verlieren, und sich deshalb einfach etwas besser aufs Thema vorbereitet, um nicht bei Kindern nachfragen zu müssen. Eine langjährige Gruppenleiterin würde vielleicht auch großes Erstaunen zeigen, wenn ein vierjähriges Kind schon einigermaßen lesen kann, und deshalb einen Anlaß zum Gespräch mit den Eltern, zum Lenken, zum Bremsen und zum Eingreifen sehen. Demgegenüber ist es mir lieber, wenn sich eine Praktikantin mit meiner Tochter Silke in eine Ecke setzt, sich von ihr etwas vorlesen läßt und darauf also ganz selbstverständlich, natürlich und richtig reagiert, weil sie das Besondere der Situation gar nicht registriert.

In das Gespräch mit dem Kindergarten, der einigermaßen den vorhin beschriebenen Kriterien eines guten Kindergartens entspricht, sollten Sie also nicht unvorbereitet, aber durchaus unvoreingenommen gehen.

1) Sehen Sie selbst die Kindergartenzeit für Ihr Kind auch als eine Beobachtungszeit an. Gerade hochbegabte Kinder sind sehr früh ausgeprägte Persönlichkeiten und bleiben ihrem Verhaltensstil lange Zeit treu. Ein etwas ruhiges, zurückgezogenes Kind wird durch den Kindergarten nicht zu einem Wirbelwind, der überall dabei ist. Ihr Kind wird auch in den nächsten Jahren vermutlich ruhig und zurückgezogen bleiben und damit, weil es sein persönlicher Stil ist, zurechtkommen müssen. Ein hochbegabtes Kind, das sehr hartnäckig und unbeeinflußbar seine eigene Interessen verfolgt und wenig lenkbar erscheint, wird im Lauf der Zeit vielleicht ein Mindestmaß an Lenkung zähneknirschend hinnehmen. Es wird aber nie ein williges, angepaßtes, mit allem zufriedenes Kind werden. Haben Sie ein Kind, das sich schon im Kindergarten für alles und jedes interessiert, überall dabei ist und von einer Aktion in die andere stürzt? Dann brauchen Sie nicht zu erwarten, daß es sich in den nächsten Jahren irgendwann einmal dauerhaft und vertiefend auf eine einzige Sache konzentriert. Es wird aber auch so durchs Leben kommen. Aus dem Verhalten im Kindergarten können Sie deshalb schließen, in welche Richtung später ihre Gespräche mit der Schule laufen müssen.

2) Es ist wichtig, daß Sie nicht dauerhaft allein dastehen mit Ihrer Beobachtung, daß Ihr Kind wahrscheinlich hochbegabt ist. Wichtiger und überzeugender als Tests sind oft die zustimmenden Meinungen anderer. Während der Kindergartenzeit können Sie immer wieder einmal mit Hilfe der Kindergärtnerinnen Einzelbeobachtungen zusammentragen, die darauf hindeuten: Ja, das ist ein ganz besonders »kluges«, »nachdenkliches«, »einfallsreiches«, »pfiffiges«, »schlaues«, »aufgewecktes«, »sehr einfühlsames« Kind – es ist in vielen Bereichen »seinen Altersgenossen weit voraus«, »oft unterfordert«, »kann nicht genug Stoff bekommen«, »interessiert sich für manche Dinge wie ein Zehnjähriger«, »weiß unheimlich

viel«, »spricht wie ein Erwachsener«. Dazu brauchen und sollten Sie nicht unbedingt den Begriff »Hochbegabung« verwenden, denn Sie wissen nicht, welche Vorstellungen die Kindergärtnerin, mit der Sie sprechen, damit verbindet. Die eben verwendeten Wörter und Begriffe reichen aus, um gemeinsam auf eine Ebene zu kommen. Wenn das der Fall ist und Gruppenleiterin und eventuell auch die Kindergartenleitung Ihre Ansicht teilen können, haben Sie eine gute Grundlage für die Gespräche, die Sie eventuell vor der Einschulung mit der Grundschule führen müssen.

3) Manchmal erreicht man die Überzeugung eines anderen weniger durch Überreden (»Sehen Sie denn nicht, wie toll mein Kind schon schreiben kann?«), sondern dadurch, daß man selbst ehrlich gemeinten Zweifel äußert und sein Gegenüber dazu bringt, die andere Sicht zu formulieren. (»Sie sagen, mein Kind kann schon allein Wörter aufschreiben. Ist das in dem Alter wirklich so ungewöhnlich?«) Probieren Sie einmal, ob Ihnen diese Gesprächstechnik – die nichts Hinterhältiges an sich hat! – liegt. Sie ist sehr erfolgreich.

4) Loben Sie die Kindergärtnerinnen für das Verhalten, das Ihnen gefällt und Ihrem Kind gut bekommt: »Meine Tochter hat gestern richtig Spaß gehabt.« – »Ich finde es toll, daß sie den Kindern nicht verbieten, zu dem Bild auch was zu schreiben – ich hab' gehört, so etwas passiert in anderen Kindergärten.« – »Mein Sohn war ganz stolz, daß Sie auch mit anderen über das Buch gesprochen haben, das er mitgebracht hat.« – »Schön, wie aufmerksam Sie sind – ich habe noch gar nicht entdeckt, daß er die Uhr schon ablesen kann.« – »Meine Tochter spielt so gern mit Clara, die ist ja ähnlich pfiffig. Schön, daß sie die beiden so zusammen spielen lassen und nicht in Gruppen zwingen.«

5) Wer viel lobt, bei dem wird auch anerkannt, wenn er einmal berechtigt Kritik äußert. Gerade wenn Sie den Kindergärtnerinnen auch gesagt haben, was Sie gut am Kindergar-

ten finden, dann können Sie Bemerkungen freundlich, aber bestimmt zurückweisen, mit denen Ihnen und Ihrem Kind unterstellt wird, daß es nicht »normal« sei: »Sie spielt gar nicht wie ein richtiges Kind.« – »So ist doch kein Vierjähriger.« – »Die braucht nichts als spielen, spielen, spielen – damit sie das viele Denken vergißt.« – solche Bemerkungen werten die Gesamtpersönlichkeit Ihres Kindes ab. Sie brauchen sich das nicht gefallen zu lassen. (Ganz erfolgreich ist man manchmal, wenn man gegen solche Bemerkungen eine Rückfrage setzt: »Welches hier ist denn Ihrer Meinung nach ein richtiges Kind?« – »Wie ist denn eine Vierjährige Ihrer Meinung nach?« – »Sie meinen also, Denken ist schlecht?«)

6) Machen Sie den Kindergärtnerinnen klar, daß Sie voll und ganz hinter Ihrem Kind stehen, so wie es jetzt im Moment ist. Das bedeutet nicht, daß Sie Fehlverhalten oder Regelverstöße erklären oder entschuldigen. Eigenarten wie große Zurückhaltung, Weinerlichkeit, Empfindsamkeit, ungebremster Redefluß oder im Gegenteil weitgehendes Schweigen sind aber nichts, was innerhalb einer Woche aufgrund von Gesprächen oder pädagogischen Maßnahmen korrigiert werden könnte. Das kann deshalb weder von Ihnen gewollt werden noch vom Kindergarten gefordert.

Hochbegabung und Verhaltensauffälligkeiten

Ohne Zweifel gibt es auffälliges und gestörtes Verhalten bei Kindern. Die Ergebnisse psychologischer und pädagogischer Forschung auf diesem Gebiet werden oft in abgefälschter oder mißverständlicher Form in Medien verbreitet und prägen damit eine entsprechende öffentliche Aufmerksamkeit. Dabei wird häufig übersehen: Die Grenzen zwischen Störungen und normalem Verhalten sind fließend und auch Sache der Interpretation des Beobachters. Nicht jede Kindergarten-rauferei ist Ausdruck einer Aggressionsstörung. Viele sind normale Spielereien gesunder und ungestörter Kinder. Strei-tereien zwischen Geschwistern, auch heftigster und dauerhaf-tester Art, weisen nicht zwangsläufig darauf hin, daß hier die Eltern irgend etwas falsch machen. Genausowenig ist jedes Kind kontaktgestört, das lieber für sich allein spielt. Mögli-cherweise ist es hochbegabt und weiß genau, was es will, was es mag und was nicht.

Es ist für Ihr Kind und auch für Sie selbst sicher sehr hilf-reich und wichtig, daß Sie nicht jede seiner Eigenarten als Störung interpretieren. Erfahrungstatsache ist: Manche Auf-fälligkeit eines Kindes wird erst dann von seiner Umgebung wahrgenommen und als Störung interpretiert, wenn etwas über einen besonderen Hintergrund dieses Kindes bekannt wird: Ein Kind mag schon immer etwas zurückhaltend ge-wesen sein. Wenn sich seine Eltern scheiden lassen, sieht man dies Verhalten leicht als Orientierungslosigkeit inner-halb einer Familienkrise.

Ein ähnlicher Hintergrund für eine besondere Interpretation von Verhalten als »auffällig« bietet sich an, wenn bekannt ist, daß ein Kind hochbegabt ist. Dieser Gefahr unterliegen nicht nur Sie selbst, sondern leider auch Kindergärtnerinnen, Lehrer und alle anderen Menschen. Dabei werden manch-mal mit Bekanntwerden der Hochbegabung plötzlich sogar gute Eigenschaften umgedeutet: ein ehrgeiziges Kind wird plötzlich als »übertrieben ehrgeizig« oder gar »krankhaft ehr-geizig« angesehen. Einem hilfsbereiten Kind wird plötzlich unterstellt, es »wolle sich nur überall beliebt machen«. Die Lebhaftigkeit eines Kindes wird plötzlich als »Ausdruck inne-rer Spannung« und »Ausagieren von Druck« gedeutet, und das Verhalten eines Kindes, das nach dem Überspringen in der neuen Klasse etwas ruhiger als vorher ist, wird als

»deutliche Rückzugszeichen bei sozialer Überforderung« gedeutet.

Solche kurzschlüssigen Psychologisierungen von völlig angemessenem Kinderverhalten sind verbreitet, aber schädlich. Versuchen Sie, solche Deutungen von normalem Verhalten als Ausdruck einer Störung auf dem Hintergrund der Hochbegabung zu erkennen. Weisen Sie solche Deutungen freundlich und bestimmt zurück. Vor allem: Beteiligen Sie sich selbst nicht an entsprechenden Interpretationen des Verhaltens anderer Menschen und anderer Kinder (und natürlich auch nicht Ihrer eigenen Kinder).

Etwas weitergehend gilt dies auch für die Bereiche, in denen Sie wahrscheinlich wirklich sehr gern bei Ihrem Kind etwas ändern würden. Es gibt Auffälligkeiten bei Kindern, oftmals vorübergehender Art, die derart verbreitet sind, daß sie schon eher normal sind. Sie taugen deshalb aber weder für eine Zuschreibung als Störung, noch sind irgendwelche erheblichen erzieherischen oder gar therapeutischen Maßnahmen nötig. Deshalb sollten Sie auch nicht zum Gesprächsinhalt zwischen den Eltern selbst oder zwischen Eltern und Pädagogen werden:

Wenigstens jedes vierte Kind knabbert in seinem Leben einmal längere oder kürzere Zeit an seinen Nägeln. Viele andere kauen und lutschen über einen längeren Zeitraum an den Kapuzenbändern von Sweatshirts oder an Kragenecken oder Ärmeln. Bei manchen dieser Kinder sollte man sich durchaus überlegen, ob man in ihrem Umfeld etwas ändern kann, damit sie diese Art von Spannungsabbau nicht mehr nötig haben. Manchen anderen Kindern muß man einfach etwas Zeit lassen, zum Beispiel dann, wenn das Nägelknabbern nach einer größeren Umstellung wie Eintritt in den Kindergarten oder Klassenwechsel beginnt. Ausdruck einer echten tiefgreifenden und behandlungsbedürftigen Störung ist es auf keinen Fall. Ähnliches gilt für andere Ticks. Auch zeitweises leichtes Stottern bei kleineren Kindern kommt so häufig vor, daß ein schlichtes Abwarten vielfach die einfachste und richtige Reaktion ist.

Dösen, Träumen und erhebliche Langsamkeit müssen ebenfalls keine Störungen sein. Viele Kinder sind gedanklich mit anderen Dingen beschäftigt als mit denen, mit denen sie sich beschäftigen sollten. Gerade manche hochbegabten Kinder sehen so viel und nehmen so viel auf, daß sie dadurch keine Möglichkeit mehr haben, den turbulenten Abläufen in Kindergarten und Schule so ohne weiteres zu folgen.

Es fällt manchmal schwer zu akzeptieren, daß meine Kinder nicht nur Eigenarten haben, die ich mag, und daß aus ihnen auch etwas werden kann, wenn es mir nicht gelingt, diese Eigenarten zu korrigieren. Uns selbst hat sehr die Bemerkung eines guten Freundes geholfen, der über sechzig Jahre ist und uns ab und zu bei handwerklichen Arbeiten hilft. Als ich ihm zu Anfang von Jans Grundschulzeit einmal über meine Sorgen berichtete, daß Jan vereinsamt und keinen Kontakt finden kann, sagte mir dieser Freund: »Du machst dich selbst konfus. In meiner Volksschulklasse war einer, den haben alle für halbverrückt gehalten, nur seine Eltern nicht. Heute leitet er eine Herzklinik in Süddeutschland, und ich muß noch immer für euch Fliesen legen.«

Ein bißchen von dieser Haltung täte sicher auch manchen Eltern hochbegabter Kinder gut.

Förderung und Unterstützung in der Familie

Für viele Eltern ist die Kindergartenzeit die Periode, in der sie sich über die Hochbegabung ihres Kindes völlig sicher werden. Wichtige Hinweise hierfür können sein:

- Das Kind ist auch mit dem Angebot eines guten Kindergartens nicht zufriedenzustellen. Es zeigt nach dem Aufenthalt im Kindergarten keinerlei Ermüdungserscheinungen und verlangt auch zu Hause nach weiterer Anregung.

- Das Kind greift Anregungen und Angebote aus dem Kindergarten phantasievoll auf und führt sie zu Hause intensiv und selbständig weiter.

- Das Kind entwickelt eigene Spezialinteressen. Es intensiviert seine Fähigkeiten und sein Wissen darüber in kurzer Zeit selbständig.

- Das Kind will lesen und schreiben lernen. Einmalige Erklärungen, wie ein Buchstabe heißt, reichen oft zur Festigung dieses Wissens. Selbständig und ohne Anleitung beginnt es, Wörter zu erlesen oder in Druckbuchstaben aufzuschreiben. Einige wenige Kinder lesen und schreiben vor Schuleintritt schon fließend.

- Das Kind will nicht nur zählen, sondern auch rechnen. Dabei braucht es nach kurzer Zeit schon keine Anschauung mehr und kein Abzählen an den Fingern. Es rechnet im halben Jahr vor dem Schuleintritt einigermaßen sicher im Kopf im Zahlenraum bis 100, es kann zusammenzählen und abziehen, möglicherweise kann es auch einfache Mal- und Teilaufgaben und hat schon eine Vorstellung davon, was Brüche sind. Einige wenige Kinder beherrschen bereits Rechenverfahren sicher, die Lernstoff der 5. Klasse sind.

- Das Kind möchte eventuell ein ganz bestimmtes Instrument erlernen und bleibt über Monate bei seinem Wunsch.

• Das Kind interessiert sich für Computer, Mikroskope, Experimentierkästen und alles, was eigentlich für höhere Altersstufen vorgesehen ist. Wenn ihm Computer zugänglich sind, erreicht es in kurzer Zeit Verständnis weit über den spielerischen Umgang hinaus.

Viele dieser Bereiche können im Kindergarten nicht oder nur ungenügend abgedeckt werden. Meist erwartet das Kind auch eher von den Eltern als von anderen Betreuungspersonen, hier unterstützt zu werden.

Die grundlegende Regel heißt hier: Bremsen Sie Ihr Kind nicht – aus Angst davor, es könnte allzuviel lernen, was erst in der Schule Lernstoff ist, aus Angst, etwas »vorwegzunehmen«. Für hochbegabte Kinder sind Lernen, Neues erfahren und Wissen speichern identisch mit dem, was für viele andere Kinder Spielen ist: Sie tun es gern, mühelos und ohne dazu angetrieben zu werden. So wie man keinem anderen Kind verbieten würde, zu spielen, was es mag, so darf man keinem hochbegabten Kind verbieten, das zu lernen, was es interessiert.

Sicher kann die Schullaufbahn eines Kindes, das vieles schon weiß, schwierig werden. Gerade wenn es sehr offensichtlich ist, werden auch Sondermaßnahmen nötig. Aber diese Schwierigkeiten sind alle irgendwie zu bewältigen. Kaum zu bewältigen sind dagegen die Folgen des Fehlverhaltens, wenn ein Kind einmal erfahren hat, daß es eigentlich gar nicht so viel wissen darf, wie es möchte. Sie sind in aller Regel verheerend: Das Kind erfährt schnell und dauerhaft, daß es nicht zeigen darf, was es kann. Es neigt dazu, Fähigkeiten zu verbergen. Manche arbeiten später in der Schule absichtlich langsamer, nur um nicht aufzufallen, andere mogeln aus dem gleichen Grund absichtlich Fehler in ihre Aufgaben. Sie lügen, wenn sie gefragt werden, wie lange Zeit sie für ihre Hausaufgaben gebraucht haben, weil sie wissen, daß ihnen sonst nicht geglaubt wird oder sie als Angeber bezeichnet werden. Jugendliche beteiligen sich nicht an den Kursen, die sie sich selbst gewählt haben – weil sie wissen, daß sie die Fragestellungen innerhalb von zehn Minuten gelöst haben werden, für die ihre Altersgenossen eine Stunde brauchen. Erwachsene unterschlagen Doktortitel, machen Studienabschlüsse in Zweitfächern, ohne irgend jemandem davon zu erzählen, und unterschlagen ausführliche Kenntnisse in mehreren Sprachen – nicht aus Bescheidenheit, sondern weil sie sich dafür schämen.

Noch einmal: Hindern Sie Ihr Kind nicht am Lernenwollen und Fragen. Eventuell können Sie – wie es auch Tendenz der Vorschläge der DGhK ist – unmerklich versuchen, hier etwas zu kanalisieren und aus der Fülle des Interesses Ihres Kindes das auszuwählen und zu verstärken, was vermutlich nicht in Konflikt mit dem späteren schulischen Lernstoff treten kann. Ein Instrument zu lernen, Mal- und Tanzkurse zu besuchen, sich mit Altertumskunde oder mit Japanisch zu beschäftigen wird sich sicher weniger mit schulischen Anforderungen reiben als umfangreiches heimatkundliches Wissen und Lesen, Schreiben und Rechnen. Wenn Ihr Kind von sich aus in diesen Bereichen lernen will, können und sollen Sie es nicht verhindern. Manche hochbegabten Kinder haben aber trotzdem kaum Lese- und Schreibkenntnisse bei Schuleintritt, ohne daß je ein Lernverbot ausgesprochen wurde. Sie lassen sich nämlich immer wieder und lange Zeit vorlesen – nicht nur aus Bilderbüchern, sondern auch aus Sachbüchern und lange Texte aus Kinderbüchern für höhere Altersstufen, und sie ziehen das schon aus atmosphärischen Gründen dem Selbstlesen vor. Die Haltung verlangt den Eltern viel Zeit und Energie ab, und erzwingen kann man sie sicher nicht. (Bei den schon früh sehr selbständigen und eigenwilligen hochbegabten Kindern gelingt so etwas ganz bestimmt nicht.)

Werden Sie im übrigen aufmerksam, wenn Ihr hochbegabtes

Kind allzu leicht zu steuern ist, wenn es auf Ihre Wünsche sehr schnell eingeht, wenn es immer wieder auf Ihre Stimmungen eingeht und ganz betont Rücksicht auf Sie und alle anderen Menschen nimmt. Hier vermischt sich wahrscheinlich das natürliche Bedürfnis eines jüngeren Kindes, sich anzupassen und geliebt zu werden, mit einer so hohen Einsichtsfähigkeit und sozialen Intelligenz, daß das Kind dazu neigt, seine eigenen Bedürfnisse voll und ganz zugunsten anderer aufzugeben. Das aber kann nicht richtig sein.

Silke ist so ein Kind: Als ich an einem Vormittag Besuch erwartete, wollte sie kurz vorher ganz ungewöhnlicherweise lieber zur Nachbarin zum Spielen gehen. Ich erfuhr später, daß sie dort erzählte: »Bei Papas Besuch hätte ich ja doch nur dazwischengelabert.« Einen Tag später hatte sie sich morgens gerade angezogen, mit selbst aus dem Schrank ausgewählter Kleidung. Als ich darauf meinte: »Du bist ja wirklich die Allerschönste«, fragte meine Frau scherzhaft nach: »Was ist dann mit mir?« Silke antwortete schnell und ganz ernsthaft: »Papa hat bestimmt uns beide gemeint.«

In beiden Fällen nahm Silke offensichtlich spontan wahr, wie sich ihr Gegenüber fühlte, und sie war bereit, für den anderen auf ihren eigenen Vorteil zu verzichten und sich selbst zurückzunehmen – und das in einem Alter, das natürlicherweise geprägt sein sollte durch Behauptung des eigenen kindlichen Standpunkts mit Trotz und Widerborstigkeit, durch Ablösung von der kleinkindhaften Beziehung zu den Eltern und durch das (erst einmal) rücksichtslose Durchsetzen eigener Interessen!

Solche Kinder sind für die Eltern höchst angenehm. Wenn man diese Eigenschaft aber ausnutzt, wird das Kind zum Spielball der Interessen anderer. Es verliert zunehmend die Fähigkeit, seine eigenen Interessen durchzusetzen. Deshalb sollten diese sehr fügsamen Kinder im Gegenteil immer wieder ermutigt werden, ihren eigenen Willen überhaupt zu sehen und durchzusetzen, und man sollte ihnen vermitteln, daß ihre Ansicht von der Ansicht anderer abweichen kann, ohne daß das schlimm ist.

(Silke hat sich hier nicht völlig geändert. Sie wartet oft ab, welche Meinung die anderen haben, und schließt sich dann an. Aber etwas hat sie sich schon weiterentwickelt. Heute morgen – jetzt etwas älter als fünf Jahre – kam Silke zu mir. Sie hatte die Haare in wenigstens vier Strähnen geteilt und mit Spangen abgeklemmt. »Wie sehe ich aus?« wollte sie wissen. »Wie findest du es selbst?« fragte ich zurück. »Toll«, strahlte Silke. »Ich find's nicht so toll«, meinte ich, »aber du mußt *dir* gefallen und nicht mir.« Silke hat die Spangen so gelassen. Auch die Kindergärtnerin bemerkte auf ihre Frage nur: »Sicher Geschmackssache« – aber mittags trug Silke ihre selbsterfundene Frisur immer noch.)

So wenig wie Eltern sich also das Recht nehmen sollten, grundlegend positive Eigenschaften ihrer Kinder auszunutzen und zum Schaden der Kinder überzustrapazieren, so wenig sollten Kinder das Recht haben, ihren Eltern mehr Zeit, Aufmerksamkeit und Hilfestellung abzuverlangen, als es nötig ist. Zwar brauchen hochbegabte Kinder sehr viel Zeit, Aufmerksamkeit und Hilfestellung, und sicher mehr als andere. Gerade deshalb sollte man ihnen aber nichts abnehmen, was sie selbst tun können.

Dem Kind etwas abnehmen, was es selbst tun kann, das machen Eltern meist dann, wenn es für sie bequemer ist oder sie dadurch Ärger vermeiden können. Bei vielen hochbegabten Kindern gibt es besonders viel Ärger dadurch, daß ihre Geschicklichkeit nicht mit ihrer Einsichtsfähigkeit, ihrem Wissen und ihrer Vorstellung von sich selbst Schritt hält. Sie wollen mehr, als sie können. Sie finden es ganz besonders frustrierend, etwas tun zu müssen, was ihnen nicht leichtfällt. Wutanfälle, wenn ein Knopf sich nicht schließen läßt, Gebrüll, wenn eine Schleife immer wieder aufgeht, Unwillen, wenn das Kind sich selbst anziehen soll, stundenlanges Hinauszögern, wenn es etwas aufräumen soll – alles das haben nicht nur wir, sondern viele andere Eltern hochbegabter Kinder erlebt. Diejenigen, die Vergleiche mit normal begabten Kindern haben, sagen: Es ist bei hochbegabten Kindern besonders schlimm. Trotzdem gibt es keinen Grund, dem Kind solche Aufgaben dann abzunehmen, wenn es sie bewältigen kann. Ein Kind im Kindergartenalter muß Reißverschlüsse und Klettverschlüsse bedienen können und selbst eine Jacke an- und ausziehen können. Ein Schulkind muß auch Hemdenknöpfe schließen und Schleifen binden können. Keine Mutter braucht ihrem Kind die Malstifte wegzuräumen und die Kappen der Filzstifte zu schließen.

So etwas durchzusetzen bedeutet manchmal über einige Wochen tagtäglichen Streß. Es ist aber wichtig, auch für die Entwicklung über die Kindergartenzeit hinaus. Im Gegensatz zur weitverbreiteten Meinung sind nämlich gute Schüler in der Grundschulzeit bei ihren Mitschülern durchaus nicht automatisch unbeliebt. Sie ziehen aber vorzugsweise dann Spott auf sich, wenn zu ihren guten Leistungen ein deutlicher Rückstand in den alltäglichen Fertigkeiten tritt, die nahezu alle anderen Kinder beherrschen. Wer in die Grundschule kommt und lesen kann, sollte sich also auch nach dem Sportunterricht wieder ankleiden können, und er sollte nicht zur Lehrerin laufen müssen, wenn ein Stift gespitzt werden muß. Seien Sie sicher: Sie geben Ihrem hochbegabten Kind eine wertvolle Hilfe mit auf den Weg, wenn es alltägliche Fertigkeiten beherrscht.

»Vorzeitige Einschulung« – ja oder nein?

Kinder werden in der Bundesrepublik dann schulpflichtig, wenn sie bis zum 30. Juni des Jahres sechs Jahre alt geworden sind. Das, was landläufig als »vorzeitige Einschulung« bezeichnet wird, ist in Wirklichkeit eine *Einschulung* und damit der Beginn der Schulpflicht *auf Antrag* der Eltern. Die Möglichkeit ist in aller Regel fest daran gebunden, daß das Kind bis zum 31. Dezember des Jahres sechs Jahre alt wird: Wenn es erst am 1. Januar sechs wird, dann wird eine Einschulung unmöglich. Wegen dieser eindeutigen Regelungen ist eben die Einschulung auf Antrag auch keine »vorzeitige« Einschulung und keine Ausnahmeregelung: Sie ist im Gesetz vorgesehen als eine Wahlmöglichkeit.

Viele Eltern wissen leider auch nicht, daß der Antrag auf Einschulung von Kindern, die bis Ende des Jahres sechs werden, keiner besonderen Begründung bedarf, schon gar nicht des Nachweises von Hochbegabung durch Gutachten und Tests und dergleichen. Schulärztliche Untersuchungen oder ähnliche Feststellungen zur Schulreife dürfen eigentlich bei den Kindern, die noch nicht sechs Jahre alt sind, keine anderen oder höheren Kriterien anlegen als bei den Kindern, die »normal« schulpflichtig sind. Leider kommt dies immer wieder vor, und Kriterien wie Größe und Gewicht des Kindes werden bestimmend zur Beurteilung von Schulreife herangezogen. Im Gegensatz zur normalen Schulpflicht trifft außerdem der Schulleiter die Entscheidung über die Einschulung auf Antrag.

Allerdings ist zu erwarten und zu erhoffen, daß es in den kommenden Jahren zunehmend auch zu echten und dann möglicherweise begründungspflichtigen Ausnahmeregelungen für hochbegabte Kinder und damit zur Beschulung auch von

Fünfjährigen kommen kann – in Abweichung zu den Grundsatzregelungen, die zur Zeit in den meisten Bundesländern bestehen und dies völlig und grundsätzlich ausschließen.

Hochbegabung ist also nicht einmal die Voraussetzung für die Einschulung auf Antrag. Wenn Sie sich aber weitgehend sicher sind, daß Ihr Kind hochbegabt ist, dann ist die Einschulung auf Antrag (auch bei Oktober-, November- und Dezember-Kindern) eigentlich immer das richtige.

Folgende Punkte sprechen dafür:

- Der geistige und intellektuelle Leistungsstand von hochbegabten Kindern entspricht bereits mit viereinhalb bis fünf Jahren dem, was von Schulanfängern gefordert wird. Ihr Kind, das für die Einschulung auf Antrag mehr als fünfeinhalb Jahre sein muß, hat also zu diesem Zeitpunkt alle intellektuellen Voraussetzungen für eine erfolgreiche Mitarbeit in der Schule.

- Im letzten Kindergartenjahr wird Ihr hochbegabtes Kind sich aller Erfahrung nach langweilen und etwas einsam fühlen. Es hat sich vermutlich im Jahr davor hauptsächlich mit älteren Kindern umgeben, die jetzt alle in die Schule kommen, und mit ihnen auch einigermaßen auf seiner »Wellenlänge« umgehen können. Als eines der ältesten Kinder im Kindergarten und außerdem noch als hochbegabtes Kind kann es wesentliche Anregungen im letzten Kindergartenjahr nur noch von den Erzieherinnen erhalten. Das ist aber weder Sinn noch Aufgabe des Kindergartens.

- Die Einschulung auf Antrag ist eine Maßnahme, die nahezu nie Probleme bringt. Mehr als zwei Drittel aller so eingeschulten Kinder durchlaufen ohne Wiederholung die zehn Klassen der Schulpflicht. Die Quote der Sitzenbleiber ist damit nur ganz unwesentlich höher als bei Kindern, die bei der Einschulung schon mindestens sechs Jahre waren.

- Die vorzeitige Einschulung ist zudem sehr viel unproblematischer durchzuführen und führt zu sehr viel weniger Regelungsbedarf und möglichen Konflikten, zum Beispiel auch im privaten Umfeld, als das Überspringen einer Klasse (hierzu mehr im Kapitel ab S. 131). Manchmal kann ein hochbegabtes Kind bereits nach der Einschulung auf Antrag so seinen Fähigkeiten angemessen lernen, daß sich auf Jahre hinaus keine erheblichen Probleme mehr stellen und ein späteres Überspringen überflüssig wird. Nahezu in jedem Fall kann es das bei Eltern und Lehrern ganz besonders unbeliebte (aber trotzdem nicht schlechte) zweimalige Überspringen von Klassen verhindern.

Gegen die frühe Einschulung gibt es trotzdem ganz typische Einwände, die Sie entweder von anderen hören oder die Sie selbst vorbringen würden. Gegen die meisten dieser Argumente gibt es aber auch typische und stichhaltige Entgegnungen. Sie sind hier unter dem besonderen Aspekt dargestellt, daß Ihr Kind wahrscheinlich hochbegabt ist:

1) »Das Kind ist noch zu jung.« Die Stichtagregelungen weisen darauf hin, daß es zwar einen gesetzlichen Regelungsbedarf gibt, der sich aber nicht am Entwicklungszustand orientiert. Gerade die Möglichkeit der Einschulung auf Antrag ohne weitere Begründung zeigt ja auf, daß man sich auch schon seit langer Zeit über eine deutliche altersunabhängige Leistungsspanne bei Kindern im klaren ist. Der Schulbesuch mit fünfeinhalb Jahren ist demnach keine Unmöglichkeit oder eine riesige Ausnahme, wie es manchmal dargestellt wird. In anderen Ländern ist er selbstverständlich oder sogar Pflicht.

2) »Das Kind ist noch zu klein.« Lernfähigkeit und Schulreife kann man nicht an der Körpergröße festmachen. Sonst kämen kleinwüchsige Kinder nie in die Schule. Die Größenspanne bei Schulanfängern ist so erheblich, daß es keinesfalls die auf Antrag eingeschulten Kindern sind, die grundsätzlich am allerkleinsten sind. Und im übrigen: Einer ist

immer der Kleinste, ohne daß damit Lernschwierigkeiten oder soziale Probleme vorprogrammiert sind.

3) »Das Kind kommt mit anderen Kindern nicht gut zurecht. Es soll das noch ein Jahr im Kindergarten lernen.« Wenn Ihr Kind mit fünfeinhalb Jahren mit andern nicht gut zurechtkommt oder am liebsten alleine spielt und lernt, wird sich das auch im folgenden Kindergartenjahr nicht ändern, sondern unter den oben beschriebenen Voraussetzungen eher verschlechtern. Gerade für Kinder, die den Umgang mit anderen Kindern nicht sehr bevorzugen, ist die Atmosphäre in der Schule oft günstiger als im Kindergarten, vor allem dann, wenn eine relativ straffe Klassenführung für Lernstoff und Ruhe sorgt und es dem Kind dadurch erspart wird, sich dauernd mit seinen eigenen Wünschen und Bedürfnissen im Kampf mit anderen Kindern durchsetzen zu müssen.

4) »Das Kind ist zwar geistig weit voraus – aber es ist noch sehr ungeschickt und ungelenk. Viel Basteln, Kneten, Ausschneiden und Malen im Kindergarten kann das fördern.« Bei einer Menge hochbegabter Kinder verläuft die motorische Entwicklung normal: Sie bleibt also hinter der geistigen Entwicklung zurück. Wenn das auch für Ihr Kind gilt, ist das sicher eine besondere Schwierigkeit, mit der Ihr Kind sich in der Schule auseinandersetzen muß und die ihm das Schreiben mit Schreibschrift oder das Ordnunghalten im Heft erschwert. Durch bloßes Funktionstraining ist hier aber die Lücke nicht zu schließen, die langfristig vorhanden sein wird. Im unzulässigen Vergleich könnte man sagen: Ihr Kind kann wahrscheinlich nie so geschickt werden, wie es klug ist. (Könnten Sie sich vorstellen, daß Ihr Führerschein an die Voraussetzung geknüpft gewesen wäre, ein Auto reparieren zu können, und daß von Ihnen vor der Führerscheinprüfung deshalb verlangt worden wäre, erst einmal ein halbes Jahr Reifen wechseln, Drähte verbinden, schweißen, löten, lackieren und ausbeulen zu üben? Auch Sie als Erwachsener wür-

den sich wehren, wenn Ihnen der Umgang mit Dingen untersagt oder vorenthalten wird, bloß weil Ihnen die Geschicklichkeit fehlt.)

5) »Das Kind ist noch so anhänglich und verschmust.« Dieses Argument hörte ich von Silkes Kindergärtnerin auf die Frage, in welchen Punkten sich Silke mit fünf Jahren von den Kindern unterscheiden würde, die in die Schule kommen. Im weiteren Gespräch war aber gar kein Zweifel: Silke konnte alles, was schulpflichtige Kinder auch konnte, und verschmuste und anhängliche Kinder gab es unter denen, die in die Schule kamen, ebenfalls. Anhänglichkeit und der Wunsch nach sehr viel Nähe ist also kein Widerspruch zur Schulreife. Manchmal verbirgt eine solche Zuschreibung, die sehr vom Alter und Aussehen des Kindes abhängt, den Blick auf die wirklichen Fähigkeiten. Dies sollte man genau hinterfragen.

(Bei Micha habe ich dies ebenfalls in einer ähnlichen Situation in der Schule erlebt: »Ich denke immer, dieses Kind ist etwas anders als die anderen in der Klasse«, erklärte seine Englischlehrerin. Auf meine Rückfrage nach dem Grund ihres Eindrucks meinte sie: »Er ist so klein und blond« – und lachte dann fröhlich, weil spontan für uns beide offensichtlich war, daß das nun keine pädagogischen oder psychologischen Kriterien für die Leistungsbeschreibung eines Kindes sind, und es auch sonst keinen Anlaß gab, über Michas Leistungen oder seine Beziehungen in der Klasse zu klagen.)

6) »Kinder in diesem Alter müssen sich noch richtig ausspielen.« Richtig – aber für hochbegabte Kinder gehört Lernen und Wissenserwerb zu den interessantesten Spielen. Hochbegabte Kinder spielen sich zu einem wesentlichen Teil im Lernen aus. Die allermeisten wünschen sich schon früh sehnlichst, die Schule zu besuchen – und sind um so mehr enttäuscht, wenn sie dort ständiger Unterforderung begegnen.

Ein unbedingtes Muß sollte die Einschulung auf Antrag für alle Kinder sein, die sich zu diesem Zeitpunkt bereits aus eigenem Antrieb mit den Grundlagen von Lesen und Schreiben beschäftigen. Kinder, die bereits lesen und schreiben können, werden auch dann noch im Unterricht in vielen Teilen unterfordert bleiben – aber wohl nicht so heftig und schockartig, als wenn sie nach einem weiteren Kindergartenjahr (und einem weiteren Jahr selbständiger geistiger Weiterentwicklung bei raschem Lern-, Aufnahme- und Verarbeitungstempo) mit den Fähigkeiten und dem Wissen von Acht- bis Neunjährigen in die Schule kommen.

Welche Hilfen können Sie von der DGhK erwarten?

Insbesondere dann, wenn Sie sich über die Hochbegabung Ihres Kindes weiterhin unsicher sind und wenn Ihnen außerdem Verhaltens- und Reaktionsweisen Ihres Kindes völlig unerklärlich sind, sollten Sie versuchen, über die DGhK herauszufinden, ob man Ihnen qualifizierte Beratungs- und Anlaufstellen nennen kann, wo Hochbegabung als Problemkreis bekannt ist, in Ihrer Nähe oder anderswo.

Falls in der Nähe Spielnachmittage der DGhK oder andere Veranstaltungen für Kinder angeboten werden, sollten Sie dorthin gehen: Niemand ist Ihnen böse, und niemand wird Sie auslachen, wenn Sie nach einiger Zeit feststellen sollten, daß Ihre Vermutung über eine Hochbegabung Ihres Kindes nicht zutrifft. (Möglicherweise würden Sie dann sogar die ehrlich gemeinte Bemerkung hören: »Seien Sie bloß froh!«) Beobachten Sie aber Ihr Kind im Umgang mit anderen hochbegabten Kindern sehr aufmerksam. Wichtig ist dabei nicht, zu sehen und zu registrieren, was Ihr Kind vielleicht noch nicht kann oder weiß, denn bei solchen Begegnungen treffen Sie natürlicherweise immer auch auf Kinder, die in ihrem jeweiligen Interessengebiet allen anderen (auch anderen hochbegabten) weit voraus sind. Vereinzelt werden Sie auch welchen begegnen, die selbst Ihnen wie »Wunderkinder« vorkommen. Viel bedeutsamer für Sie wäre es aber, wenn Sie feststellen, daß Ihr Kind sich in diesem Rahmen automatisch offensichtlich wohl fühlt, sehr viel schneller als sonst mit anderen Kontakt aufnimmt und sich mit anderen »unaltersgemäß« über Sachgebiete und Sachfragen unterhält. Sie hätten damit eigentlich ein unmißverständliches Kennzeichen, daß auch Ihr Kind dazugehört. Selbst sehr zurückgezogene, »einsame« oder als »merkwürdig« bezeichnete Kinder tauen nämlich auf, wenn sie jemandem begegnen, der ähnlich denkt wie sie. Über dieses Phänomen waren etliche Eltern hochbegabter Kinder mit deutlichen Kontaktstörungen mehr als verblüfft.

Im persönlichen Kontakt mit anderen Eltern hochbegabter Kinder bekommen Sie wahrscheinlich auch Hinweise auf Bücher, Spiele und Beschäftigungsmöglichkeiten, die sich als besonders beliebt bei hochbegabten Kindern erwiesen haben und auf die Sie vielleicht sonst nicht kommen würden. Das reicht vom Hinweis, daß es nicht unmöglich ist, mit dreijährigen Kindern Mau-Mau und mit Fünfjährigen Poker zu spielen, bis zur konkreten Angabe von Mappen zum selbständigen Lesenlernen. (Weil es in diesem Bereich immer wieder Neues gibt und manche Sache auch nur zeitweise »in« sind, wird hier auf solche Hinweise verzichtet. Der Zauberwürfel zum Beispiel, in den achtziger Jahren eine echte Herausforderung für Hochbegabte, ist heute kaum noch erhältlich und auch völlig »out«. Dafür gibt es anderes.)

Aber auch falls Sie nicht in direkten Kontakt mit einer Regionalgruppe der DGhK treten können, erfahren Sie immerhin noch aus den Veröffentlichungen etwas, was Ihnen helfen kann, Ihr hochbegabtes Kind richtiger einzuschätzen, als es mit dem »gesunden Menschenverstand« normalerweise möglich ist. Insbesondere finden Sie hier auch viel Ermutigung, frühe Interessen und frühes Wissen als selbstverständlich anzunehmen und vor allem Lesen-, Schreiben- und Rechnenlernen nicht zu bremsen, obwohl es schulrelevante Fähigkeiten sind.

Eine ganz wichtige Sachinformation können Sie sicher jederzeit aktuell bei der DGhK abfragen: Wie lautet die augenblickliche Gesetzeslage in Ihrem Bundesland, was die Einschulung auf Antrag betrifft? Sind Fälle bekannt, auf die man sich berufen kann, *ohne den Beteiligten zu schaden,* in denen Fünfjährige die Schule besuchen?

Wahrscheinlich ist es auch kein Problem, die Telefonnummer von jemandem vermittelt zu bekommen, der mit der Einschulung auf Antrag bei seinem Kind gute Erfahrungen gemacht hat. Wenn er einigermaßen in der Nähe wohnt, können Sie vielleicht auch einmal persönlich Kontakt aufnehmen. Das hilft oft weiter als die Aussagen in Büchern oder Artikeln.

Sie selbst können durch aktive Mitarbeit dazu beitragen, daß der noch etwas magere Erfahrungsschatz über hochbegabte Kinder im Alter zwischen drei und sechs Jahren etwas vergrößert wird.

Die Grundschulzeit

Vor der Einschulung

In den Kindergarten können Sie Ihr Kind zu einem beliebigen Zeitpunkt schicken. Oft können Sie den Kindergarten aussuchen oder ihn zwischendurch wechseln. Sie können das Kind mehrere Wochen zu Hause lassen oder es ganz abmelden.

Alles das ist mit der Schule nicht möglich: Es besteht Schulpflicht. In erreichbarer Nähe ist meist nur eine Grundschule, manchmal aber auch mehrere. Schuleinzugsbereiche schränken in manchen Städten und Gemeinden zusätzlich die freie Auswahl der Grundschule ein. In sehr kleinen Schulen mit nur einer Eingangsklasse liegt mit der Einschulung meist auch die Klassenleitung für die nächsten vier Jahre fest. Gut geführte kleine Schulen haben oft eine viel familiärere, kindgerechtere und freundlichere Atmosphäre als größere Systeme. Große Grundschulen haben aber auch ihre Vorteile: Hier gibt es mehrere Klassen auf der gleichen Stufe. Damit besteht zumindest auch die Möglichkeit, daß sich die Schulleitung überlegen kann, zu welcher Lehrerin und in welche Klasse Ihr Kind am besten passen könnte (und es wäre später auch möglich, daß Ihr Kind bei völliger Unverträglichkeit zwischen ihm, dem Lehrer und den Eltern innerhalb der Stufe die Klasse wechselt). Denn: An jeder Schule gibt es

Lehrer in sehr unterschiedlicher Qualität. Normalerweise hat jeder bestimmte Schwächen und Stärken. Damit ist er für einige Kinder oder einige Unterrichtsfächer genau der richtige Lehrer, für andere nicht.

Falls Sie schon ältere Kinder auf einer Grundschule hatten, können Sie wahrscheinlich besser als andere Eltern erahnen, wie Ihr nächstes Kind dort aufgehoben sein könnte, und Sie können sich bei einer miesen Atmosphäre der ganzen Schule für eine andere Grundschule entscheiden. Oder wissen Sie von einer bestimmten Lehrerin genau, daß sie sich schon seit vielen Jahren mit der Förderung hochbegabter Kinder beschäftigt? Dann können Sie versuchen, Einfluß darauf zu nehmen, daß Ihr Kind in ihre Klasse kommt. In allen anderen Fällen bleibt Ihnen aber nicht viel anderes übrig, als sich einigermaßen der Hoffnung zu überlassen, daß Ihr Kind in eine Schule und in eine Klasse kommt, die von Leuten geführt werden, mit denen man auch über Probleme reden kann.

Falls Sie allerdings trotzdem versuchen wollen, Einfluß darauf zu nehmen, in welche Klasse Ihr Kind kommen soll, dann sollten Sie bedenken:

1) Diesen Wunsch sollten Sie dem Rektor der aufnehmenden Schule vortragen. Das hat nur dann Sinn, wenn diese Entscheidung innerhalb der Schule offen ist. Nach welchen Kriterien die Klassen zusammengestellt werden, bestimmt nämlich in aller Regel die Schulleitung, manchmal sehr starr nach Straßenzügen, manchmal aber sehr flexibel nach pädagogischen Kriterien. Fragen Sie vorher nach, damit Sie nicht eine Bitte vorbringen, die sowieso nicht erfüllt werden kann.

2) Viele Eltern wollen aus den unterschiedlichsten Gründen ihr Kind bei einem bestimmten Lehrer oder mit einem bestimmten anderen Kind zusammen in der Klasse haben. Viele dieser Gründe haben nichts mit pädagogischen Überle-

gungen zu tun. Berücksichtigen Sie deshalb, daß man auch Ihrem Wunsch vielleicht skeptisch gegenübersteht. Am erfolgreichsten können Sie Ihren Wunsch vortragen, wenn Sie vermitteln, daß sie keine vordergründigen Vorteile haben wollen, sondern die richtigen Hilfestellungen für Ihr Kind.

3) Über die Hochbegabung Ihres Kindes berichten Sie am geschicktesten unter Verwendung der Worte, die auch im Kindergarten angemessen sind: »sehr klug«, »pfiffig«, »aufgeweckt«, »weit voraus« u. ä. Es ist sicher günstig, wenn Sie sich jetzt dabei auch auf Meinungen und Beurteilungen anderer berufen können, zum Beispiel von Kindergärtnerinnen, die in der Schule bekannt sind. Meist bestehen solche Kontakte zumindest zwischen Kindergartenleitung und Schule. Nur dann, wenn die Hochbegabung Ihres Kindes durch Tests in anerkannten Beratungsstellen nachgewiesen wurde und sich daraus auch eine bestimmte Beratung für die Schullaufbahn (zum Beispiel voraussichtliches Überspringen einer Klasse) ergab, können Sie auch jetzt schon über Hochbegabung reden.

4) Welchen Wunsch bezüglich der Klassenlehrer Ihres Kindes Sie der Schulleitung auch vortragen – er kann falsch sein, sich an falschen Kriterien orientieren oder sich durch andere Aspekte, die sich erst später ergeben, als nicht richtig herausstellen: Wollen Sie einen besonders strengen Lehrer vermeiden? Vielleicht käme Ihr Kind gerade mit ihm besonders klar, weil er sowohl sehr lernstofforientiert arbeitet und gleichzeitig für die nötige Ruhe und Ordnung sorgt, die ihr etwas ängstliches Kind braucht. – Wollen Sie, daß Ihr Kind zu einem als gut geltenden Lehrer kommt? Manche Lehrer, die sehr beliebt sind, praktizieren zwar einen Unterricht, der die selbständige Tätigkeit des einzelnen Kindes und die Tätigkeit in Gruppen fördert (die Freiarbeit). Manchmal ist damit aber auch ein so großes Überbetonen sozialer Aspekte und selbständigen Lernens verbunden, daß gerade für hoch-

begabte Kinder der Aspekt zu kurz kommt, auch gezielt angeleitet, angeregt und gefordert werden zu wollen: Sie fühlen sich teilweise nicht wohl in Klassen, in denen mehr die Schüler als der Lehrer den Ton anzugeben scheinen (selbst wenn das eigentlich anders und die Führung nur nicht offensichtlich ist). – So wenig wie Sie das vorher wissen können, so wenig haben Sie in der Hand, ob in dieser Klasse bei diesem Klassenlehrer nicht vielleicht mehrere Kinder sein werden, mit denen Ihr Kind erhebliche Schwierigkeiten haben wird. Sie können nicht wissen, ob die tolle Lehrerin, die Sie sich für Ihr Kind wünschen, nicht demnächst ein Kind bekommt, über ein halbes Jahr ausfällt und danach nur noch 14 Stunden arbeitet. Es ist nicht vorauszusehen, ob der als besonders guter und einfühlsamer Pädagoge geltende Lehrer nicht plötzlich von seiner Frau verlassen wird und danach sündhaft schlechten Unterricht macht.

5) Sie möchten sich nicht nachher mit Selbstvorwürfen auseinandersetzen müssen, durch Ihre aktive Einflußnahme für Ihr Kind eine ungünstige Entscheidung herbeigeführt zu haben. Deshalb ist es sicher am vorteilhaftesten, wenn Sie im Gespräch mit der Schulleitung Ihr Kind etwas beschreiben und danach bitten, es in die Klasse zu tun, die nach Ansicht der Schulleitung dafür am besten geeignet ist. Damit übertragen Sie dem Rektor auch etwas Verantwortung für das weitere Geschehen. Das kann für Sie, für Ihr Kind und für weitere Gespräche nur gut sein.

Was Sie für Ihr hochbegabtes Kind von der Schule erwarten können

An normalen Schulen sollte man normale Erwartungen stellen. Deshalb muß man berücksichtigen: Staatliche Schulen sind keine paradiesischen Lernorte, an denen, ohne Rücksicht auf irgendwelche Einschränkungen, optimal ausgebildetes Personal immer so arbeitet, daß ausschließlich das Wohl jedes einzelnen Kindes im Vordergrund steht. Vielmehr bestimmen finanzielle und gesetzliche Vorgaben die Ausbildung der Lehrer ebenso wie den Schulalltag, vor allem aber auch die Ausstattungen der Schulen mit Lehr- und Lernmitteln und die Anzahl der Kinder in der Klasse. Und zumindest diejenigen Eltern hochbegabter Kinder, die selbst Lehrer sind, sollten zugeben, daß entgegen der öffentlichen Meinung die allermeisten Lehrer bis an die Grenze der Leistungsfähigkeit belastet sind.

Das bedeutet jedoch nicht, daß man nicht an eine Schule einige grundlegende Anforderungen stellen dürfte, die erfüllt sein müssen, wenn es auch unter den eben beschriebenen Bedingungen eine gute Schule sein will. Es gibt ein paar Erwartungen, die alle Eltern gegenüber der Grundschule haben dürfen, ohne daß damit ein überzogenes Anspruchsdenken verbunden ist. Jede besondere Situation eines Kindes läßt hier einzelne Aspekte wichtiger erscheinen als andere – und im folgenden stelle ich die Punkte dar, die ganz besonders für hochbegabte Kinder gelten. Einige der grundlegenden Anforderungen an eine Schule betreffen dabei ausschließlich atmosphärische Aspekte, andere verlangen unterrichtsplanerische und organisatorische Regelungen.

1) Einzelne Unterrichtsstunden oder auch die Behandlung eines Schwerpunktthemas über zwei bis drei Wochen dürfen dem Kind langweilig vorkommen. Kein Kind aber darf dauerhaft unterfordert bleiben und dazu gezwungen werden, sich monatelang nahezu ausschließlich mit Dingen zu beschäftigen, die es bereits beherrscht.

2) Die ausschließliche Beschäftigung mit Funktionstraining (sauberer schreiben, nicht so aufdrücken, nicht so schnell schreiben, ordentlicher werden) ist keine dem Lernen gleich-

wertige Aufgabe. Unterforderte Kinder dürfen deshalb nicht von weiterem Lernstoff mit dem Hinweis abgehalten werden: »Lern erst mal sauberer schreiben.«

3) Auch die Ausweitung der Menge oder die Steigerung des Tempos bei der Bearbeitung der Aufgaben, die man erledigen soll, kann niemanden befriedigen, der dabei nichts Neues lernt: Ein Kind, das Additionsaufgaben bis zwanzig sicher beherrscht, wird keinen Lernerfolg und keine Befriedigung darin sehen, wenn es nicht wie alle anderen Kinder zwei Päckchen, sondern fünf rechnen »darf« und dafür gelobt wird, dies in der gleichen Zeit geschafft zu haben. Ein solches Lob gefährdet im übrigen eher die soziale Situation in der Klasse und fördert eine eher überhebliche Haltung beim sehr leistungsfähigen Kind.

4) Hilfsbereitschaft und das Sichkümmern um Schwächere sind gute Eigenschaften, die gefordert und gefördert werden sollen. Kinder, die bereits den gesamten Lernstoff beherrschen, haben aber auch den Anspruch auf mehr Denk- und Lernanstöße. Sie müssen und können mit dem Weiterlernen nicht warten, bis die anderen ihren Leistungsstand erreicht haben.

Manche von ihnen helfen zwar gerne anderen und oft auch gut. Sie dürfen deshalb vielleicht ab und zu, aber nicht dauerhaft dazu eingesetzt werden, anderen bei der Bewältigung des Unterrichtsstoffs zu helfen oder gar als Hilfslehrer anderen den Lernstoff beizubringen. Der ständige Einsatz in Hilfsfunktionen für andere kann auch auf keinen Fall vom Lehrer als »soziales Lernen« begründet werden: Auch diese Eigenschaft besteht bei solchen Kindern ja schon und muß nicht mehr gelernt werden, sonst wäre der Einsatz als Hilfe für andere Kinder gar nicht möglich.

5) Kein Kind darf in seinem Lernwillen und seinem Willen zur Mitarbeit gebremst werden, bloß weil andere Kinder noch nicht so weit sind oder weil unterrichtsorganisatorische

Gründe dagegen sprechen: »Meldet euch mal alle – du nicht, Julia, du weißt es ja sowieso.« – »Das kommt erst in ein paar Wochen dran, darüber reden wir jetzt nicht.« – »Morgen gehen wir ins Museum – ich fände es sehr schön, wenn Anna heute nachmittag mal nicht wieder alle Lexika durchwühlt und morgen alles besser weiß als ich.« Wer als Lehrer so redet, braucht sich nicht zu wundern, wenn das entsprechende Kind in wenigen Monaten verstummt, in der Klasse herumdöst und womöglich absichtlich Fehler in seine schriftlichen Aufgaben einbaut. Er sollte dann aber auch nicht selbstherrlich die Hinweise der Eltern auf Hochbegabung des Kindes beiseite wischen: »Also – hier zeigt sie's nicht.«

6) Diskrepanzen im Leistungsspektrum dürfen nicht dazu dienen, die allgemeine Leistungsfähigkeit in Zweifel zu ziehen oder gar das Kind lächerlich zu machen. »Gut – sie macht im Unterricht gut mit. Aber gucken Sie sich doch mal die Hefte an…« – »Wer so ein As sein will wie du, der sollte ja mit so einem leichten Wort keine Schwierigkeiten haben…« – »Spiel lieber nachmittags draußen und lies nicht dauernd, dann hängst du auch nicht am Reck herum wie ein nasser Sack…« Solche Bemerkungen von Lehrern sind nicht häufig, aber auch nicht total selten.

7) Es gibt zwei wesentliche Bereiche, in denen sich hochbegabte Kinder von anderen Kindern unterscheiden und auf die sich die Schule einstellen sollte: Hochbegabte Kinder können sehr viel schneller lernen als andere. Das Teilnehmen an langen Einführungs-, Übungs- und Wiederholungsphasen sollte dem hochbegabten Kind deshalb möglichst erspart werden. Der Unterricht sollte sich außerdem darauf einstellen, daß das hochbegabte Kind auch diejenigen unterrichtlichen Themen, an denen es sich sehr interessiert zeigt, am liebsten noch ausweiten, ergänzen und vertiefen würde. Es ist nicht einzusehen, weshalb alle vorgesehenen Förderstunden in nahezu allen Grundschulen ausschließlich den lernschwächeren

Schülern zur Verfügung gestellt werden. In einem Teil der Förderstunden könnte durchaus eine Vertiefung des Lernstoffs für besonders interessierte Kinder stattfinden.

Beide Maßnahmen sind typisch für den Bereich der Hochbegabtenförderung, und es gibt entsprechende Fachbegriffe für sie: Wenn man ein Kind denselben Lernstoff in einer kürzeren Zeit als andere Kinder erlernen läßt, nennt man das »Akzeleration« (deutsch ungefähr: Beschleunigung). Ergänzung, Vertiefung und Ausweitung heißen »Enrichment« (deutsch ungefähr: Anreicherung).

An einzelnen Beispielen werden Sie gemerkt haben: Das, was hier als Grundforderungen an eine normale Schule für den Umgang mit einem hochbegabten Kind beschrieben wird, ist nicht verbreitete Realität. Teils aus Unkenntnis, teils aus Gedankenlosigkeit, oft aus Furcht vor zusätzlichen Aufgaben, aber in den seltensten Fällen aus bösem Willen fehlt die Bereitschaft der Schule, einige wenige Dinge zugunsten eines hochbegabten Kindes durchzuführen. Die weitverbreitete grundsätzliche Einstellung wird bestimmt durch zwei Sätze: »Eine sehr gute Begabung setzt sich immer von selbst durch« – und: »Die Eltern sollten doch froh sein, daß das Kind so gut lernt. Wo ist da das Problem?«

Zwar sollte man berücksichtigen, daß sich an die Deutsche Gesellschaft für das hochbegabte Kind vorwiegend Leute wenden, deren hochbegabte Kinder Probleme in der Schule bekommen haben und daß deshalb positive Erfahrungen mit der Schule im Umgang mit Hochbegabten dort weniger offensichtlich sind. Das, was manchen Kindern und ihren Eltern im Umgang mit der Schule begegnet ist, wäre aber mit Worten wie »erfahren« und »erlebt« unzureichend beschrieben: *Es wurde erlitten.* Manche Lehrer hören nicht einmal mit halbem Ohr auf berechtigte Anliegen der Eltern. Andere sind selbst dann, wenn sie das Anliegen der Eltern verstanden haben, und sogar dann, wenn ihnen selbst das Kind hochbegabt vorkommt, nicht bereit, auch nur ein i-Tüpfelchen von ihrer bisher durchgeführten Unterrichtspraxis abzuweichen und das besondere Problem des Kindes mit zu berücksichtigen. Selbst wenn ihnen die Bitte vom klassenführenden Lehrer zur Unterstützung der Eltern vorgetragen wird, weigern sich manche Rektoren, so etwas »Außergewöhnliches«, wie das Überspringen einer Klasse, überhaupt zu bedenken. Und Schulräte holen per Rechtsverfügung Fünfjährige, die mit Einverständnis von Eltern, Lehrer und Schulleitung seit Wochen erfolgreich die Schule besuchen, wieder heraus und schicken sie in den Kindergarten zurück.

Dies steht im übrigen im krassen Widerspruch dazu, daß es zunehmend Beispiele gibt, wie durch ein flexibles Eingehen auf die individuelle Situation von Hochbegabten auch erstaunliche Modelle möglich sind: Tatsächlich werden an verschiedenen Schulen (und nicht nur in dem einen Bundesland, wo es gesetzlich möglich ist: Baden-Württemberg) auch jetzt schon Fünfjährige beschult, die erst nach dem Stichtag 31. 12. sechs Jahre alt werden, ohne daß das an die große Glocke gehängt wird. Es gibt Grundschulen, die tatsächlich in dem Ausmaß, wie es statistisch wahrscheinlich ist, Hochbegabte erkennen, die Eltern darauf ansprechen und, wenn immer die Eltern davon zu überzeugen sind, das Überspringen einer Klasse durchführen. Auch noch umfangreichere Sondermaßnahmen sind denkbar, weil sie bereits praktiziert wurden: In einer Broschüre des Bundesministeriums für Bildung, Wissenschaft, Forschung und Technologie wird von einem Jungen berichtet, der in der ersten Grundschulklasse am Mathematikunterricht der vierten Klasse und in der Folge am Mathematikunterricht des Gymnasiums teilnahm, aber ansonsten in seiner Klasse blieb.[*] Genauso war es an-

---

[*] (Bundesministerium für Bildung, Wissenschaft, Forschung und Technologie: Begabte Kinder finden und fördern. Ein Ratgeber für Eltern und Lehrer. Bonn 1996, Seite 41).

dernorts möglich, daß ein Grundschulkind bereits eine Fremdsprache auf dem Gymnasium lernte. Die Zeitschrift »Grundschule« erzählt von einem Kind, das ohne weitere Schwierigkeiten sofort in die 3. Klasse eingeschult wurde und mit acht Jahren aufs Gymnasium wechselte[*]. In der Kleinstadt, in der ich wohne und die mit Sicherheit keine Hochburg der Begabtenforschung ist, besucht ein Kind nach dreimaligem Überspringen die zehnte Klasse. An einem anderen Ort darf ein hochbegabter Zweitkläßler zusätzlich zum normalen Klassenunterricht am muttersprachlichen Unterricht für Ausländerkinder teilnehmen. Er lernt so eine Fremdsprache, die in seiner Familie nicht gesprochen wird (und dem späteren Englischunterricht nicht im Wege steht!).

Allen solchen Maßnahmen ist eines gemeinsam: Sie wurden im gegenseitigen Einvernehmen zwischen Eltern, Lehrern, Schulleitung und eventuell anderen Beteiligten getroffen. Auch Eltern hochbegabter Kinder, deren Lebensweg sich nach einigen Schwierigkeiten auf den richtigen Bahnen bewegt, betonen deshalb ganz häufig, sie hätten »Glück gehabt«, »endlich die richtige Person getroffen« oder »endlich jemanden getroffen, der uns zugehört hat«, »jemanden, der offen war«. Demgegenüber steht die Erfahrung: Nahezu nie wurde eine Lösung für ein hochbegabtes Kind gefunden, indem Rechtsmittel eingesetzt wurden oder persönlicher und rechtlicher Druck auf einen Lehrer oder eine Schulleitung ausgeübt wurde. Deshalb konnte bis jetzt noch nie, trotz bester Begründung, die Einschulung eines schulreifen Fünfjährigen per Gericht durchgesetzt werden.

---

[*] (Grundschule, Heft 5/1996. Westermann Verlag 1996, S. 40)

Mit Lehrern und Schulleitung reden

Dies ist in erster Linie ein Ratgeber für Eltern. Trotz der vielen frustrierenden Erfahrungen, die Eltern hochbegabter Kinder mit der Schule gemacht haben, ist deshalb hier der Ruf nach einer Verhaltens- und Einstellungsänderung bei Lehrern müßig. Darum beschäftigt sich dieses Kapitel mit dem Eigenanteil an der Eltern-Lehrer-Beziehung – mit den Bereichen also, wo Sie sich als Eltern selbst einbringen und etwas verändern können, mit inneren Einstellungen und äußeren Abläufen, die sich in vielen Fällen als geeignet erwiesen haben, ein verständnisvolles Verhältnis aufzubauen und in Gang zu halten.

Auch deshalb, weil jedes hochbegabte Kind ganz individuell zu behandeln ist und darum die Bandbreite der Dinge, die Sie als Eltern sich von der Schule wünschen müssen, sehr groß ist, wird hier weniger betrachtet, *was* Sie von der Schule fordern können, sondern vielmehr, *wie* Sie das am besten bekommen, was Sie für richtig halten. Es sind keine hundertprozentigen Erfolgsrezepte. Sie versagen vor allem dann, wenn Ihr Gegenüber ein wirklicher Starrkopf ist. Beim Umgang mit vielen anderen ganz normalen Lehrern erweisen sie sich aber als ziemlich wirksam – nicht in jedem Einzelfall und sofort, aber meistens und auf Dauer.

1) Überschätzen Sie nicht das Wissen, das ein Lehrer über den Bereich »hochbegabte Kinder« hat. Normalerweise ist es eher gering, weil vor allem Grundschullehrer in ihrem Berufsleben nur selten und nur mit wenigen hochbegabten Kindern zusammenkommen. Versuchen Sie sich hier bitte einzufühlen. Auch in Ihrem Berufsbereich wird es mit Sicherheit relativ selten vorkommende Spezialprobleme geben, über die Sie eigentlich von Ihrer Ausbildung und von Ihrer fachlichen Qualifikation her Bescheid wissen sollten und es trotzdem

nicht tun. In vielen Berufen haben Sie dann die Möglichkeit, Ihr Nichtwissen zu erkennen, zuzugeben und das Problem an einen Fachmann zu übergeben (einem Arzt oder einem Rechtsanwalt ist das jederzeit möglich). An anderen Arbeitsplätzen müssen Sie sich notfalls mit viel Aufwand in eine Spezialfrage einarbeiten, um sie zu lösen. – Der Lehrer hat die Möglichkeit der »Überweisung an den Fachmann« nicht, und die Schule in der heutigen Form überträgt ihm so viele besondere Aufgaben, daß er auch bei einem 48-Stunden-Tag nicht fähig wäre, sich in jedem Bereich genügend Kompetenz anzueignen. »Damit müssen sich Lehrer doch beschäftigen. Das gehört unmittelbar zum Erziehungsauftrag. Das steht in direktem Zusammenhang mit dem Lernen. Das bestimmt die Berufs- und Lebensperspektiven der Kinder« – solche Aussagen und Forderungen kann man eben nicht nur im Bereich der Hochbegabung zu Recht treffen, sondern in vielen anderen Zusammenhängen, die teilweise viel häufiger, teilweise genauso selten sind: Ausländer und Aussiedler, sexueller Mißbrauch, Scheidungskinder, Lese-Rechtschreib-Schwäche, Sprachstörungen, Erkennen von Lernbehinderung, allergiekranke Kinder usw. Vor allem der Grundschullehrer befindet sich hier ein bißchen in der Situation eines Arztes, von dem gefordert wird, daß er sowohl Erkältungskrankheiten behandeln als auch Herztransplantationen durchführen können sollte.

2) Unterschätzen Sie nicht die Rolle von Einstellungen und Haltungen. Es gibt im Bereich der Pädagogik kein »richtig« oder »falsch«. Maßnahmen, die für ein Kind fördernde Auswirkungen haben, können andere im Lernen und Aufwachsen geradezu behindern. Lehrer führen Klassen vorrangig als Gruppen und richten sich dabei nach einem bestimmten, ihnen sinnvoll vorkommenden und im Lauf des Berufslebens erworbenen Stil. Fast immer gilt deshalb: In jeder Klasse sind Kinder, auf die dieser Lehrer gut, richtig und fördernd

wirkt, und es gibt andere Kinder, für die er nicht der richtige ist. Für Sie muß deshalb wichtig sein: Ist er ein guter Lehrer für mein Kind? Dagegen können Sie die Frage vernachlässigen: Ist es ein guter Lehrer?

3) Weil Lehrer unterschiedlich sind und auch auf unterschiedliche Kinder und Eltern unterschiedlich wirken, nützt es meist wenig, auf Recht, Gesetz, Verpflichtungen per Erlaß u. ä. zu pochen, wenn es sich dabei um dehnbare Formulierungen handelt: »Unterricht und Gemeinschaftsleben der Schule sind so zu gestalten, daß sie zu tätiger und verständnisvoller Anteilnahme am öffentlichen Leben vorbereiten«, heißt in solchen Gesetzen.[*] Dementsprechend ist selbstverständlich, daß kein hochbegabtes Kind so aufwachsen dürfte, daß es zu dieser tätigen und verständnisvollen Anteilnahme keine Lust mehr hat. Im § 2, 4 desselben Gesetzes findet man den Hinweis: »Für Spät- und Sonderbegabungen sind besondere Bildungsmöglichkeiten zu schaffen.« Nur – welche?

Schöne Worte nützen Ihnen nichts, selbst dann nicht, wenn sie im Grundgesetz stehen würden. Denn was die jeweilige Formulierung für die konkrete Unterrichtsgestaltung und für die Stellung Ihres Kindes in der Klasse bedeutet, darüber kann jeder Lehrer anderer Auffassung sein als Sie.

4) Deshalb sollten Sie die Persönlichkeit des Lehrers Ihres Kindes etwas mitberücksichtigen, wenn Sie versuchen wollen, ihn dazu zu bringen, Ihrem Anliegen entgegenzukommen: Sehr junge Lehrer (die es zur Zeit kaum gibt) können das Problem Hochbegabung vielleicht am ehesten unvoreingenommen und engagiert anpacken, weil sie noch gar nicht wissen, daß sie sich damit mit einem langjährigen Tabuthema beschäftigen. Mit einem solchen Lehrer können Sie vielleicht darüber reden, daß seine Bemühungen offensicht-

---

[*] (Erstes Gesetz zur Ordnung des Schulwesens im Lande Nordrhein-Westfalen § 1, 4).

lich noch nicht ausreichen, um Ihr Kind mit dem gewünschten Lernstoff in gewünschter Menge zu versorgen. – Ein Lehrer, der die sozialen Aspekte in der Klasse immer wieder hervorhebt, wird sich mit dem Spezialproblem Hochbegabung sicher eher auseinandersetzen, wenn Sie ihm gegenüber über den Einfluß seines Unterrichts auf die ganz besondere persönliche Entwicklung Ihres Kindes sprechen und betonen, wie sehr Sie sich wünschen, daß Ihr Kind nicht durch seine Begabung isoliert wird. (Und Sie brauchen ihm nicht zu widersprechen, wenn er allzu ausführlich darstellt, wie wertvoll Ihr Kind ja für die Klassengemeinschaft sei, auch wenn Sie diesen Aspekt für überbetont halten.) Ein anderer – meist etwas älterer – Lehrer, der noch eine präzise Vorstellung davon hat, daß in der Schule hauptsächlich gelernt werden muß, kann mit einem Gespräch über Begabungs- und Leistungsförderung sicher am besten davon überzeugt werden, daß es sich lohnt, sich mit Ihrem Kind besonders zu beschäftigen. (Und wenn er das Wort »Elite« verwendet, sollten Sie auch dann nicht zusammenzucken, wenn Sie diese Sicht nicht teilen können und Ihr Kind nicht dazuzählen wollen.)

5) Überschätzen Sie nicht den Einfluß des Rektors als Vorgesetztem auf die konkrete Unterrichtsgestaltung des Lehrers. Das Autoritätsgefälle zwischen Rektor und Lehrern ist vor allem in den Grundschulen nicht sehr groß. Rektoren geben selbst Unterricht und sind also auch gleichzeitig Lehrer. Drohen Sie also Lehrern nicht mit dem Rektor (der eventuell auch Kegelbruder ist und dann gemeinsam mit dem Lehrer am Abend über Sie lacht), und führen Sie mit dem Rektor keine Gespräche, wenn es nur um Klassenbelange, aber nicht um Schulbelange geht.

6) Ihr hochbegabtes Kind hat ein Spezialproblem. Innerhalb der normalen Termine am Elternsprechtag besteht für ein Gespräch hierüber in aller Regel nicht ausreichend Zeit und

Ruhe. Nutzen Sie deshalb die Sprechstunden der Lehrer, soweit es sie gibt, und bitten Sie sonst um Termine, am besten mit dem Hinweis, daß Sie ausführlicher reden möchten und damit dem Lehrer und anderen Eltern am Sprechtag nicht die Zeit stehlen wollen.

7) Es gibt kein Problem, das durch tägliche Anrufe beim Lehrer nicht noch größer würde. Seien Sie also bestimmt und konsequent, aber werden Sie nicht lästig. Damit erreichen Sie nichts.

8) Es ist mehr als wahrscheinlich, daß Sie über Hochbegabung mehr wissen als der Lehrer. Schlagen Sie ihm dies Wissen trotzdem nicht um die Ohren. Jeder Mensch macht dicht, wenn er das Gefühl hat, daß ihn sein Gegenüber dauernd belehrt und sich in seinen Bereich einmischt. Möglicherweise bekommen Sie gerade dadurch Widerstand und Widerspruch, dem Sie sonst nicht begegnen würden.

9) Sprechen Sie mit dem Lehrer deshalb vor allem über Fakten und konkrete Ereignisse, also über Ihr Kind in seiner Klasse. Vermeiden Sie theoretische Diskussionen über Hochbegabtenförderung, Pädagogik, gesellschaftliche Probleme oder politische und religiöse Einstellungen.

10) Erzählen Sie dem Lehrer, daß Sie entsprechendes Informationsmaterial haben. Bieten Sie es ihm an, aber zwingen Sie es ihm nicht auf. (Also nicht: »*Das* müßten Sie mal lesen, damit Sie endlich Bescheid wissen.«)

11) Wenn Sie einen konkreten Wunsch haben, was für Ihr Kind in der Klasse geändert werden sollte, dann sollten Sie diesen Wunsch äußern und nicht auf Umwegen oder über indirekte Andeutungen zu erreichen versuchen. Legen Sie dem Lehrer eine Entscheidung nahe, und verbinden Sie das mit der glaubwürdigen und möglichst konkreten Zusage, ihn dabei zu unterstützen – in der Form, die er Ihnen vorschlägt. Schreiben Sie ihm aber die Entscheidung nicht vor.

12) Wie lange haben Sie gebraucht, um zu erkennen, daß

Ihr Kind hochbegabt ist? – Lassen Sie auch dem Lehrer Zeit: Er wird nicht innerhalb weniger Tage im Gewimmel von bis zu zweiunddreißig Schulanfängern das Besondere an Ihrem Kind entdecken können. Er braucht auch Zeit – meist wenigstens ein halbes Jahr –, um aus der Summe von Einzelbeobachtungen zu dem gleichen Schluß zu kommen wie Sie.

13) Lehrer sind in aller Regel überbelastet. Das gilt auch für teilzeitarbeitende Lehrer/innen, die ihre Stundenreduzierung ja deshalb in Anspruch nehmen, um eigene Kinder zu versorgen – also aus dem Gefühl heraus, in dieser Situation Vollzeitarbeit nicht zufriedenstellend leisten zu können. Vermitteln Sie deshalb bei jedem Wunsch, der die Berücksichtigung der besonderen Probleme Ihres hochbegabten Kindes betrifft, welchen Vorteil der Lehrer davon hat: Sie sollten ihm also sagen, wenn Sie den Eindruck haben, daß mit der Erfüllung Ihres Anliegens keine Mehrarbeit verbunden ist. Sie könnten ihn sogar zu der Überzeugung bringen, daß es eine Arbeitserleichterung darstellt, zum Beispiel dadurch, daß das Kind umgänglicher, weniger störend oder hilfsbereiter gegenüber anderen wird. Sie könnten ihm zusichern, dafür selbst etwas zu tun: Wenn er gestattet, daß Ihr Kind sich in langweiligen Arbeits- und Wiederholungsphasen mit Büchern beschäftigen darf, die es interessieren, könnten es durchaus Sie sein, die diese Bücher besorgen könnte (und damit dem Interesse Ihres Kindes sehr viel besser anpassen können als vielleicht die Auswahl, die der Lehrer treffen würde). Sie können ihm, wenn Sie es haben, entsprechend anbieten, Arbeitsmaterial zur Verfügung zu stellen, das möglicherweise nicht nur für Ihr Kind, sondern auch für andere interessant sein könnte. Wenn all das nicht möglich ist und ganz offensichtlich für den Lehrer ein zusätzlicher Arbeitsaufwand entsteht, sollten Sie ihn spüren lassen, daß Sie diesen Einsatz schätzen und würdigen (und nicht etwa abwerten: »Sehen Sie, langsam begreifen Sie, was Ihre Pflicht

gegenüber diesen Kindern ist…«). Sie können dem Lehrer sagen, wie sehr Sie sich darüber freuen, daß Ihr Kind sich bei ihm nicht langweilen muß, und Sie sollten ihm möglichst schnell sagen, wenn eine neue Maßnahme, eine Umstellung im Unterricht oder irgend etwas anderes positiv auf Ihr Kind wirkt. (Hier sind wirklich auch kurzfristige Anrufe nützlich: »Ich wollte Ihnen nur einmal sagen, daß meine Tochter heute richtig strahlend und froh aus der Schule gekommen ist.«)

14) Insgesamt sollten Sie als gegeben akzeptieren: Wegen der Arbeitsbelastung der Lehrer und wegen der großen Anzahl von Problemen, mit denen er sich außer der Hochbegabung Ihres Kindes beschäftigen muß, besteht zwar im allgemeinen eine Bereitschaft, Maßnahmen durchzuführen, die keinen zusätzlichen Aufwand bedeuten oder die an der atmosphärischen Situation etwas ändern. Die Bereitschaft ist aber gering, den Unterricht so individuell zu gestalten, daß ein hochbegabtes Kind innerhalb des Klassenrahmens auf seinem sehr hohen Anspruchsniveau geführt wird, seine Lernbedürfnisse voll befriedigt werden und dabei keine soziale Ausgrenzung stattfindet. Sie ist auch deshalb gering, weil eine solche Unterrichtsgestaltung, die auch allen anderen Kindern in der gleichen Art und Weise gerecht wird, für den Lehrer ausgesprochen zeit- und kraftaufwendig ist.

15) Sowohl der Lehrer als auch Sie selbst in Gesprächen mit ihm sollten keine Kräfte für Angelegenheiten verschleißen müssen, die eventuell anders effektiver zu lösen sind. Sie sollten also keine Zeit für lange Auseinandersetzungen, Gespräche und Planungen von individualisierenden Maßnahmen aufwenden, mit dem Ziel, das hochbegabte Kind im Rahmen dieser Klasse noch einigermaßen halten zu können – wenn Sie damit nur vermeiden wollen, was Sie längst wissen, aber nicht wollen: daß Ihr Kind ohne weiteres eine Klasse überspringen könnte. Die Akzeleration – die Be-

schleunigung der Aufnahme von Lernstoff – führt eben dazu, daß hochbegabte Kinder vielfach die Grundschule in drei statt in vier Jahren durchlaufen können. Lehrern, die sich das Überspringen nicht vorstellen können, kann man diese Alternative manchmal gut vor Augen halten: Die Förderung dieses schnellen Kindes bedeutet sicher sehr viel Mehrarbeit, wenn man es in der Klasse behalten will – das Überspringen löst dieses Problem normalerweise schnell und problemlos.

Ein mögliches Gespräch über das Überspringen berührt immer Belange der Schulleitung. Sie sollten dies auf alle Fälle nicht mit dem Klassenlehrer allein bereden, sondern frühzeitig die Schulleitung mit einbeziehen.

16) Genausowenig sollten Sie vom Lehrer etwas verlangen, was schlechterdings nicht Aufgabe der Schule sein kann und in anderen Bereichen auch von den Eltern nicht erwartet wird: die individualisierende Ausweitung des Lernstoffs für Ihr Kind, bis im jeweiligen Fach »das Ende der Fahnenstange« erreicht ist.

Spitzenbegabungen gibt es in vielen Bereichen: Die ausreichende Förderung eines Sporttalents bis hin zu Spitzenleistungen würden Sie niemals vom Sport- oder Schwimmunterricht der Schule erwarten. Genausowenig bitten Sie den Musiklehrer der Grundschule, Ihr Kind zu fördern, wenn es sich schon seit Jahren als musikalisch und instrumental sehr begabt zeigt.

Das »Enrichment«, die Anreicherung des Lernstoffs also, wenn das Kind mit dem übrigen Angebot in der Schule zufrieden ist, aber darüber hinaus noch immer mehr und anderes will, ist meiner Ansicht nach im wesentlichen eine Aufgabe, für die die Eltern verantwortlich sind.

Das Überspringen von Klassen

Das Überspringen einer Klasse ist eine Maßnahme, die immer schon möglich war und immer schon in Einzelfällen praktiziert wurde. Sie bietet sich immer dann an, wenn das Kind mit nahezu allen Leistungen im oberen Leistungsdrittel seiner Klasse ist und dafür nur wenig Anstrengung und Mühe aufwenden muß, sondern sich eher noch langweilt. Bei der Arbeit an diesem Buch bin ich auf mehrere Erwachsene gestoßen, die bereits in den fünfziger und sechziger Jahren eine Klasse übersprungen haben. Trotzdem wird das Überspringen von manchen als etwas ganz Neues angesehen. Es wird sehr oft als etwas völlig Besonderes dargestellt, als eine große Ausnahmesituation. – Das ist eigentlich nicht nötig. Überspringen könnte schlicht und einfach in der Schulwirklichkeit das Pendant zum Sitzenbleiben sein: Bei einigen Schülern ist offensichtlich, daß sie mit ihren Lernleistungen besser eine Klasse tiefer besuchen sollten. Bei einigen anderen Schülern ist offensichtlich, daß sie mit ihren Lernleistungen genausogut eine Klasse höher mitarbeiten könnten. »Das Überspringen ist deshalb etwas Besonderes, weil es so selten ist – wäre das Überspringen häufiger, wäre es viel selbstverständlicher.« Dieser Satz klingt banal. Er sagt aber etwas über die Tatsache aus: Gegen das Überspringen werden vor allem deshalb Bedenken geäußert, weil die Beteiligten keine Erfahrung damit sammeln konnten und eher ängstlich sind. Die geäußerten Bedenken entsprechen durchaus nicht dem Wissen, das mittlerweile über das Überspringen besteht – dargestellt in einer Dissertation, in der die Ergebnisse aus über zweitausend Schulen in Niedersachsen im Verlauf von 1980–1990 praxisnah für deutsche Verhältnisse ausgewertet wurden.[*]

---

[*] (Annette Heinbokel: Das Überspringen von Klassen. LIT Verlag, Münster 1996).

Hieraus ergibt sich:

- Dort, wo Schüler eine Klasse übersprungen haben, gab es so gut wie keine Leistungsprobleme. Von keiner Schule wurde gemeldet, daß ein Kind nach dem Überspringen später einmal sitzengeblieben war.

- Fast immer waren die Schüler, die eine Klasse übersprungen haben, nach kürzerer Zeit wieder im oberen Leistungsdrittel der neuen Klasse.

- Dort, wo über Probleme nach dem Überspringen berichtet wurde, hingen diese Probleme nicht mit dem Leistungsbereich zusammen.

- Viele der Probleme, über die von seiten der Schulen berichtet wurde, entstammen dem emotional-sozialen Bereich. Sie entstanden nicht durch das Überspringen, sondern bestanden zum Teil schon in der alten Klasse. Manche wurden ausdrücklich als nicht schwerwiegend bezeichnet, oder sie verschwanden nach kurzer Zeit, teilweise gerade durch das Überspringen.

- Nur zwei Schulen, die über Probleme berichteten, merkten an, daß sie deshalb das Überspringen für einen Fehler hielten.

- Sowohl in der Grundschule als auch im Gymnasium konnten weit über 75 % der Schulen berichten, daß es nach dem Überspringen keinerlei Probleme gegeben hätte.

Faßt man diese Ergebnisse zusammen, läßt sich nur sagen: Schulleitungen und Lehrer könnten froh sein, wenn es solche positiven Ergebnisse auch über den pädagogischen Nutzen des Sitzenbleibens gäbe. Das ist nicht der Fall.

Innerhalb der DGhK verstärkt sich der Eindruck, daß das Überspringen seit Anfang der neunziger Jahre häufiger wird. Trotzdem werden Sie auch weiterhin damit konfrontiert sein, daß das Überspringen als problematisch und nicht selbstverständlich für hochbegabte Kinder angesehen wird. Möglicherweise sind Sie es aber auch selbst, die am meisten

Bedenken vortragen. Denn auch dies ist ein Ergebnis der Untersuchung: Eltern stehen dem Überspringen skeptischer gegenüber als die Schulen. Vor allem an Gymnasien lehnen häufiger Eltern, denen das Überspringen von der Schule vorgeschlagen wird, dies rigoros ab. Die Zahl der Schüler, die auf den Gymnasien für das Überspringen vorgeschlagen wurden, ist deshalb größer als die tatsächliche Anzahl von Überspringern.

Einige der Einwände gegen das Überspringen ähneln denen, die gegen die Einschulung auf Antrag vorgebracht werden, andere sind »überspringerspezifisch«.

1) »Zu jung«, »zu klein«, »zu ungeschickt« – all das sind keine Argumente dagegen, ein hochbegabtes Kind auf dem Niveau arbeiten zu lassen, auf dem es gut mitkommen kann. Lesen Sie die entsprechenden Ausführungen im Kapitel ab S. 99 noch einmal.

2) »Das Kind kommt mit den anderen Kindern in der Klasse nicht zurecht – wie soll das denn erst nach einem Wechsel der Klasse im Umgang mit noch Größeren aussehen?« Es ist gut möglich, daß das »Nicht-Zurechtkommen« mit anderen größtenteils auf Unterforderung beruht und darauf, daß Ihr Kind mit Gleichaltrigen nicht allzuviel anzufangen weiß. Vermutlich kann es in einer höheren Klassenstufe viel besser mit seinen Mitschülern umgehen, die dann einigermaßen auf seinem Leistungsniveau sind.

3) »Unser Kind kommt doch mit allen anderen so gut zurecht und fühlt sich in seiner Klasse sehr wohl.« Das ist ein gutes Zeichen: Wenn Ihr Kind in seiner jetzigen Klasse gut zurechtkommt, wird das wahrscheinlich auch in einer anderen Klasse nicht anders sein – weil Ihr Kind nämlich die Fähigkeit hat, mit vielen verschiedenen Menschen gut zurechtzukommen. Nach dem Überspringen wird es wahrscheinlich neue Freunde hinzugewinnen, ohne die alten im Stich zu lassen.

4) »Werden die anderen Kinder in der neuen Klasse unser

Kind als Jüngstes nicht besonders ärgern und hänseln?« –
Das kommt ein bißchen auf die neue Klasse an, außerdem
auch darauf, wie der neue Lehrer mit dem Kind umgeht
und es in die Klassengemeinschaft einführt. Hierüber kann
man Erkundigungen einziehen, und vor allem an größeren
Schulen besteht auch eine gewisse Auswahl. Normalerweise
werden aber Kinder, die überspringen, in den neuen Klassen
nach einer gewissen Anlaufzeit genauso angenommen wie
ein Kind, das zum Beispiel durch Umzug neu in die Klasse
kommt. Nur sehr vereinzelt sehen die bisherigen besten
Schüler der neuen Klasse ihre Stellung in der Klasse gefährdet. (Meist sind sie froh, einen neuen gleichrangigen Klassenkameraden bekommen zu haben.)

5) »Das Kind hat ja überhaupt kein glattes Einser-Zeugnis.«
Glatte Einser-Zeugnisse sind eher ein Nachweis von ausge-
sprochenem Fleiß und sehr guter Arbeitshaltung. Beides ist
nicht unbedingt typisch für Hochbegabte, sondern vielmehr
die Tatsache, daß sie ohne irgendeinen wesentlichen Arbeitseinsatz und oft noch in Verbindung mit Unaufmerksamkeit,
Unruhe und unsauberer Ausführung der Arbeiten Noten
zwischen 1 und 3 erhalten. (Natürlich könnten aber auch
andere Kinder mit guten und sehr guten Zeugnissen vor allem in der Grundschule eine Klasse überspringen. Hochbegabung ist nicht unbedingt Voraussetzung für Überspringen.)

6) »Soll man dem Kind nicht besser die Anstrengung jener
Monate ersparen, in denen es kräftig nachlernen muß?« –
Hier wird übersehen, daß hochbegabte Kinder meistens sehr
gern lernen, es sei denn, sie hätten bereits durch ständige
Unterforderung schon auf jeglichen Spaß an Anstrengungen
verzichtet. Manche von ihnen bezeichnen die Zeit nach dem
Überspringen, in der sie wirklich etwas für Lernen und Leistung tun mußten, als den schönsten Teil ihrer Schulzeit. Im
übrigen wird allerdings die nötige Anstrengung meist im vor-
hinein erheblich überschätzt. Viele Kinder schaffen auch den

Anschluß an die neue Klasse in kurzer Zeit ohne allzuviel systematisches Lernen und ohne Mühe.

7) »Das Kind soll keine Sonderstellung erhalten.« Die Sonderstellung Ihres Kindes ist beim Verbleib in der Klasse meist größer: Es überragt alle anderen mit seinen Fähigkeiten und Leistungen. Manchmal erzeugt das Neid bei anderen. Auf alle Fälle beeinflußt es den Unterrichtsverlauf so, daß selbst ein guter Lehrer dauernd zu Sondermaßnahmen greifen muß: die Erlaubnis, eigene Themen zu bearbeiten, oder die Erlaubnis, während einer Erarbeitungs- und Wiederholungsphase zu lesen, die Bitte an das Kind, sich mit seinem Wissen zurückzuhalten, und ähnliches. – Diese Sonderstellung wird innerhalb einer höheren Klasse ziemlich rasch aufgehoben. Zwar wird es ein paar Tage registriert und darüber gesprochen, wenn ein jüngerer Schüler in die Klasse kommt. Oft wird es achselzuckend oder wie selbstverständlich registriert. Nach kurzer Zeit gehen Schüler und Lehrer zum Alltag über – und das ist gut so.

8) »Überspringen ist schön und gut – aber was ist, wenn das Kind in die Pubertät kommt und dann ein echter Reifeunterschied zu den Klassenkameraden bestehen wird?« Hinter diesem Argument steckt manchmal das etwas altertümliche Argument, daß pubertierende Jugendliche ihre noch nicht pubertierenden Klassenkameraden in gewisser Weise »verderben« könnten. Heute ist allerdings das sexuelle Wissen auch bei Kindern schon so groß, daß auch ein Zwölfjähriger im Umgang mit Neuntklässlern nichts erfahren kann, was er nicht schon weiß. Im übrigen tritt die Pubertät bei Kindern in sehr unterschiedlichem Alter ein – bei Mädchen meistens erheblich früher als bei Jungen, so daß Mädchen im Alter zwischen 12 und 14 oft den Jungen »um zwei Jahre voraus wirken«. Dementsprechend greift dieses Bedenken bei überspringenden Mädchen schon gar nicht. Aber auch Jungen, die eine Klasse übersprungen haben, werden nicht automa-

tisch zu Außenseitern, bloß weil ihre Klassenkameraden pubertieren. Im schulischen Bereich stellen sich also kaum Probleme – allerdings wohl im Freizeitbereich, wenn die jüngeren Überspringerkinder an all dem teilnehmen wollen, was ihre Klassenkameraden unternehmen. Dies muß und kann aber von den Eltern geregelt werden. Es kann kein Argument gegen das Überspringen sein.

Sie sehen: Für das Überspringen einer Klasse spricht bei einem hochbegabten Kind vieles, dagegen spricht wenig. Überprüfen Sie selbst deshalb einmal Ihre eigene Einstellung. Wenn Ihnen von Seiten der Schule das Überspringen Ihres Kindes vorgeschlagen wird, sollten Sie jedenfalls auf keinen Fall sofort »nein« sagen, sondern gründlich die Vor- und Nachteile bedenken – aber möglichst unter Beratung von Leuten, die ein erfolgreiches Überspringen einer Klasse bei einem Kind schon einmal miterlebt haben: Denn daß alle anderen wahrscheinlich nur die Nachteile betonen und unterstreichen, wissen Sie bereits. Etwas Besseres als ein Vorschlag zum Überspringen durch die Schule kann Ihnen gar nicht passieren: Solch ein Vorschlag erfolgt fast immer nur dann, wenn sich die Schule wirklich sicher über den Erfolg ist. Sie haben kein Problem, die Maßnahme innerhalb Ihres privaten Umkreises zu rechtfertigen, denn Sie können auf den Vorschlag der Schule verweisen. Überhaupt sollten Sie dann nicht mehr allzu viele Leute um Rat fragen: Sie können sich denken, daß dabei eher abgeraten wird, weil die meisten Menschen von Hochbegabung nichts verstehen. Suchen Sie sich lieber gezielt zwei oder drei Leute, die Sie in Ihrer Entscheidung unterstützen oder die Ihnen zumindest freundschaftlich beistehen: »Wenn ihr euch so entschieden habt, wird es schon richtig sein.«

Vielleicht wird Ihr Kind sich nicht sofort freuen, sondern etwas besorgt sein. Eine Ängstlichkeit vor Neuem spielt dabei die größte Rolle. Bei einigen Kindern steht aber vielleicht auch die schon verfestigte Haltung im Vordergrund, ohne viel Schwierigkeiten und Arbeitseinsatz zu Leistungen zu kommen, und sie wollen auf diese (Fehl-)Haltung nicht mehr verzichten. Je klarer der Vorschlag der Schule ist und je offensichtlicher Ihr Eindruck besteht, daß Ihr Kind in seiner jetzigen Klasse unterfordert bleibt, desto eher sollten Sie der Maßnahme zumindest probeweise zustimmen, auch dann, wenn Ihr Kind Bedenken äußert und das nicht will. Ängstlichkeit verfliegt oft nach wenigen Tagen in der Begegnung mit der neuen Klasse und den nun angemessenen Leistungsanforderungen. Die Kinder, die schon eine verfestigte Scheu vor echter Anstrengung haben, werden nach relativ kurzer Zeit wieder merken, daß der Aufwand für Lernen auch Spaß machen kann und sich lohnt. Sollte Ihr Kind aber selbst bei einem probeweisen Besuch einer höheren Klasse nach einiger Zeit weiterhin in die alte Klasse zurückwollen, dann sollten Sie ihm diese Entscheidung zubilligen: Sie können sich dann sicher sein, daß die Gründe hierfür nicht nur im Bedenken vor Neuem liegen.

Möglicherweise müssen Sie aber den Impuls, daß Ihr Kind vielleicht eine Klasse überspringen könnte, selbst an die Schule herantragen. (In seltenen Fällen könnte es Ihnen dabei gehen wie mir, als ich wegen Jans Überspringen bei der Schulleitung des Gymnasiums anfragte. »Endlich – ich habe es schon mehreren Eltern vorgeschlagen, die haben alle abgelehnt«, meinte der Rektor.) Vermitteln Sie, wenn Sie Ihr Anliegen vortragen, vor allem immer wieder sehr deutlich: Sie wissen und beobachten seit langer Zeit, daß Ihr Kind alle schulischen Leistungen ohne wesentlichen Arbeitseinsatz erbringt. Es geht Ihnen nicht darum, daß Ihr Kind noch bessere Noten erhält und noch mehr leistungsmäßig gedrillt wird – im Gegenteil: Sie nehmen mit dem Überspringen in Kauf, daß sich die Noten über einen längeren Zeitraum etwas verschlechtern können. Das tun Sie, weil Sie Sorge haben, daß dauernde Unterforderung Ihres Kindes dazu führt, daß es zwar gut in der Schule mitkommt, aber kein angemessenes Arbeitsverhalten lernt. Wenn es irgendwie möglich ist, beziehen Sie sich dabei auf den Rat von anderen, die Ihnen Hinweise auf deutliche Unterforderung oder fehlende Arbeitshaltung trotz guter Noten gegeben haben: Vielleicht hat ja schon ein Lehrer einmal in einem Gespräch fallen lassen, daß Ihr Kind ohne weiteres auch eine Klasse höher mitarbeiten könnte? Legen Sie ihn darauf fest! Vielleicht hat ein anderer gesagt, daß er Ihrem Kind in dieser Klasse und diesem Fach nichts mehr beibringen kann? Beziehen Sie sich darauf! Vielleicht ist auf einer allgemeinen Elterninformation zum Anfang des Schuljahres einmal gesagt worden, daß ganz vereinzelt Kinder auch Klassen überspringen können? Erwähnen Sie das, und fragen Sie nach!

Versuchen Sie, sich vorher wirklich darüber klarzuwerden, was Sie wollen. Sagen Sie also nicht: »Ich habe gehört, daß Kinder auch Klassen überspringen können – ich weiß aber wirklich nicht, ob das für mein Kind gut sein wird. Was raten Sie mir denn?« Wenn Sie selbst allzuviel Bedenken äußern und so offensichtlich jemanden suchen, der Ihnen die Entscheidung abnimmt, dann müssen Sie damit rechnen, daß Sie in diesen Bedenken eher bestärkt werden. Sagen Sie lieber: »Ich habe von etlichen Fällen gehört (oder: einen konkreten Fall miterlebt), wo das Überspringen einer Klasse dem Kind wirklich gutgetan hat. Ich glaube, so kann auch meinem Kind geholfen werden. Ich überrasche Sie vielleicht damit: Aber haben Sie ganz ernsthafte Bedenken, die dagegen sprechen?« (Seien Sie sicher: Wenn Bedenken geäußert werden, ähneln Sie denen, die Sie aus diesem Buch kennen und beantworten können.) Oder: »Ich sehe seit Monaten, wie Sie sich bemühen, meinem Kind gerecht zu werden. Trotzdem ändert sich an der problematischen Situation nichts. Ich möchte wirklich sehr gern, daß einmal ausprobiert wird, ob das Überspringen einer Klasse eine Lösung darstellt, denn ich weiß, daß das bei anderen ähnlichen Kindern sehr wirksam war.« (Hier nehmen Sie besonders entscheidungsunfreudigen Lehrern oder Rektoren eine Belastung ab: Sie signalisieren deutlich, daß Sie das bisherige Bemühen anerkennen und bereit sind, die Verantwortung für eine Entscheidung zum Überspringen dadurch mit zu übernehmen, daß Sie diese Maßnahme selbst auch erst einmal als eine Probe betrachten.)

Die Entscheidung über das Überspringen ist von Bundesland zu Bundesland etwas unterschiedlich geregelt. Normalerweise trifft sie die Klassenkonferenz – also diejenigen Lehrer, die das Kind unterrichten. Diese »Klassenkonferenz« besteht in Grundschulen oft faktisch nur aus dem Klassenlehrer und eventuell einem Sport- oder Musiklehrer, so daß der Klassenlehrer die ausschlaggebende Stimme abgibt. Der Rektor kann hierbei aber sicher Einfluß oder Druck in der einen oder anderen Richtung ausüben. Über das Überspringen können Sie deshalb nicht reden, ohne die Schulleitung einzubeziehen. (Und wenn die sich vollständig, ganz und rigoros und trotz mehrerer Gespräche weigert, darüber auch nur nachzudenken, können Sie in Erwägung ziehen, das Überspringen mit einem Schulwechsel in eine Schule zu verknüpfen, die so etwas schon einmal durchgeführt hat.) Wenn Sie aber nicht auf völlige Ablehnung stoßen, sondern nur auf Bedenken der Art, die oben dargestellt wurden, dann versuchen Sie vorsichtig herauszufinden, wer bei dieser Entscheidung innerhalb der Schule der Meinungsmacher sein könnte. Weiter oben wurde schon gesagt, daß man das Überspringen dem Klassenlehrer manchmal dadurch schmackhaft machen kann, indem man ihm deutlich macht, daß die Förderung des Kindes innerhalb dieser Klasse nur mit sehr viel Mehraufwand und intensiver weiterer Anteilnahme des Elternhauses möglich ist. Mit dem Überspringen muß aber im übrigen der abgebende Lehrer eigentlich weniger einverstanden sein als der Lehrer, der das Kind in seiner Klasse haben wird. Deshalb ist das Überspringen durchaus auch manchmal als eine mögliche Lösung aus einem Konflikt denkbar, wenn schon an einen Wechsel in die Parallelklasse gedacht wird.

Auf dem Gymnasium besteht die Klassenkonferenz aus allen Lehrern, die in der Klasse unterrichten. Zur Unterstützung Ihres Anliegens brauchen Sie sich nicht an alle zu wenden, sondern an die wichtigsten: Normalerweise sind das die Lehrer in den Hauptfächern. Achten Sie auch hier auf die Bemerkungen von Lehrern, die in etwa in die Richtung gehen: »Die macht das alles hier mit links – sie könnte auch ohne weiteres eine Klasse weiter sein.« – »Die paßt ja jetzt schon in die Mittelstufe.« – »Seine Beiträge könnte ich zwei Klassen höher gut gebrauchen.« Legen Sie solche Lehrer auf diese Bemerkungen fest, und bitten Sie sie, Ihr Anliegen in der Klassenkonferenz zu unterstützen. Manchmal kann diese Unterstützung auch durch einen Lehrer kommen, der sich qualifiziert im Bereich Hochbegabung auskennt oder sich interessiert zeigt: »Eine Freundin von mir hat auch so ein Kind – da habe ich begriffen, wie schwierig das sein muß,« – diese Äußerung einer Lehrerin, bei der Jan nur eine Stunde pro Woche hatte, war für mich der wesentliche Impuls, Jans Überspringen in Angriff zu nehmen (und der Beitrag dieser Lehrerin in der Klassenkonferenz wohl eine wesentliche Hilfe).

Nachdem Ihr Kind eine Klasse übersprungen hat, müssen Sie eine Zeitlang mit etwas Aufregung und Unruhe in Ihrer privaten Umgebung rechnen. Über das Überspringen regen sich zur Zeit noch (es ist zu hoffen, daß sich das ändert) manche Eltern aus der vorherigen Klasse ziemlich auf (»Wenn die das kann, könnte meiner das schon lange.«) Auch in der neuen Klasse besteht von Seiten der Eltern, die vom Überspringen hören, erst einmal eher Skepsis. Erfahrungsgemäß legt sich das. Ein wenig kann sich Ihr Bekannten- und Freundeskreis dadurch neu sortieren. Das ist nicht schlimm. Am sichersten und ruhigsten kommen Sie und Ihr Kind durch die Zeit nach dem Überspringen, wenn Sie den offiziellen und organisierten Kontakt mit den Eltern der abgebenden Klasse und denen der neu aufnehmenden Klasse vermeiden: keine Teilnahme und womöglich offizielle Vorstellung auf Klassenpflegschafts-Sitzungen, Elternabenden oder Klassenfesten, keine Abschiedsfeier mit Kindern und Eltern der alten Klasse, keine entsprechende Neuaufnahme. So etwas wird manchmal gut gemeint von Schulleitung und Lehrern organisiert. Faktisch entsteht dabei aber meist ein Spießrutenlauf für die Eltern und das vermeintliche »Wunderkind« selbst. Nach wenigen Wochen ist die Zugehörigkeit Ihres Kindes zur Klasse jedoch selbstverständlich. Seine Leistungen und sein Verhalten werden nicht mehr mit besonderem Maßstab gemessen, und auch an Ihr Verhalten, dem Überspringen zuzustimmen oder es gar zu veranlassen, wird sich bald keiner mehr erinnern.

Haben Sie die Geduld, diese normalen Prozesse zuzulassen. Wer sich von jemandem scheiden läßt, den alle anderen nett finden, wer einen wesentlich älteren oder wesentlich jüngeren Partner heiratet oder sonst etwas »Besonderes«, »Ungewöhnliches«, »Unnormales« unternimmt, der erfährt ähnliche Gruppenprozesse.

Lassen Sie sich auch nicht davon nervös machen, wenn von Seiten der Schule der Probecharakter des Überspringens allzu sehr betont wird. Bei Jans Überspringen war von »Tests« und »Überprüfungen« in einigen Monaten die Rede, bis dann eine »endgültige Entscheidung getroffen wird«. Wir haben ruhig abgewartet – und, wie viele andere Eltern auch, nie mehr etwas davon gehört. Ich kenne niemanden, der jemals eine offizielle schriftliche Mitteilung von der Schule erhalten hätte, daß das Überspringen der Klasse nun rechtskräftig sei. Diese Festlegung erfolgt eigentlich immer automatisch mit dem Versetzungszeugnis des nächsten Jahres. Auch Sie brauchen also nicht Wochen und Monate in Spannung zu leben, ob Ihr Kind sich auch in der neuen Klasse bewährt und die Anforderungen schafft.

In den ersten Wochen müssen Sie auch damit rechnen, daß die aufnehmenden Lehrer sich etwas unsicher, aber gleichzeitig auch überengagiert zeigen: Der Lehrer gibt Ihnen Zusatzlernmaterial für das Kind. Er weist darauf hin, wo noch Lükken sind und wie sie systematisch zu schließen sind. Wenn er sehr wenig über hochbegabte Kinder weiß, steckt er Ihr Kind auch vielleicht zeitweise sogar in den Förderunterricht für seine lernschwachen Schüler, weil er meint, daß Ihr Kind auf diese Weise »den Anschluß an die Klasse erreichen wird«. Wenn es irgendwie geht und dies Verhalten nicht allzu großen Schaden anrichtet, sollten Sie hier erst einmal das Bemühen anerkennen und den Lehrer selbst zur Erkenntnis kommen lassen, daß das vielleicht gar nicht nötig ist. Oft dauert das nur kurze Zeit: Micha erhielt einige Wochen lang liebevoll aufgeschriebene und ausführliche Hinweise zum selbständigen Lernen des Einmaleins. Er erledigte die Aufgaben, aus Begeisterung über seinen Klassenwechsel. Bald erhielten wir keine entsprechenden Hinweise mehr: Die Lehrerin hatte selbst gemerkt, daß Micha alles das konnte, was er üben sollte. Danach konzentrierte sie sich intensiv auf die äußere Ausführung seiner schriftlichen Arbeiten. Das war bitter nötig und hat Micha gutgetan, denn er hatte in der alten Klasse furchtbar geschmiert und geschludert – unbeeinflußbar gegen alle entsprechenden Hinweise. Zu entsprechenden Übungen war er jetzt deshalb bereit, weil er sie an Aufgaben ausführen konnte, die seinem Interesse und seinem Lernniveau entsprachen.

Förderung und Unterstützung in der Familie

Hochbegabte Kinder verlangen fast immer mehr Zeit von den Eltern als andere. Sie sind auch während der ersten Schuljahre in vielen Bereichen, die ihre ganz besondere Art zu denken und zu lernen betrifft, auf Hilfe und Unterstützung der Eltern angewiesen: für weitere Anregungen, zur Förderung über den Schulstoff hinaus, für Vertiefungen und für Gespräche über Themen, für die weder in der Schule noch in der Freizeit entsprechende Partner zur Verfügung stehen. Wer also glaubt, mit Beginn der Schulzeit ende die anstrengende Zeit mit dem hochbegabten Kind, der irrt sich. Im wesentlich benötigt Ihr Kind Ihre emotionale Unterstützung – Ihren Rückhalt, falls es in der Schule zu Problemen und Schwierigkeiten kommt. Rückhalt bedeutet nicht, daß sie alle Probleme für Ihr Kind lösen. Nicht alles brauchen und können Sie Ihrem Kind aus dem Weg räumen: Es ist nicht Ihre Aufgabe, Ihrem Kind jede Langeweile und jeden Ärger zu ersparen und ihm Dinge abzunehmen, die es selbst erledigen kann. Auch ein Erstklässler kann dem Lehrer erklären, warum er seine Hausaufgaben nicht gemacht hat, oder warum er gestern zu spät kam. Hier ist keine halbseitenlange schriftliche Erklärung der Mutter nötig. Genauso muß ein Kind sich selbst rechtfertigen und eventuell zur Verantwortung gezogen werden, wenn es andere Kinder schädigt oder belästigt. »Es langweilt sich so sehr« – das ist möglicherweise eine Begründung, aber keine Entschuldigung.

Auch wenn Sie es anders sehen, sollten Sie auch bei ernsthaften Konflikten mit der Schule nicht unterschätzen, wie wichtig es für Ihr Kind ist, sich am Lehrer orientieren zu müssen, bis eine Lösung gefunden wurde. Auch wenn Sie mit den unterrichtlichen Leistungen des Lehrers im großen und ganzen nicht zufrieden sind, dürfen Sie nicht übersehen: Wenn Ihr Kind den Lehrer nicht achtet, dann kann es von ihm überhaupt nichts mehr lernen. Deshalb sollten Sie über den Lehrer und die Schule Ihrem Kind gegenüber ohne Abwertung sprechen. »Lehrer sind nun mal alle doof« – so eine Bemerkung kann für ein Kind weder Trost noch Beruhigung sein. Wenn es Ihnen wörtlich glaubt, nehmen Sie ihm auf alle Fälle die Hoffnung, daß es auch einmal anderen Lehrern begegnen könnte.

In Ihrem privaten Umfeld sollten Sie Ihre Bemühungen fortsetzen, Ihr hochbegabtes Kind so anzunehmen, wie es ist. Sie können manchen Eigenschaften, die Sie nicht mögen oder die Sie beängstigen, etwas entgegensteuern – aber umkrempeln werden Sie Ihr Kind nicht. Schicken Sie das Kind, das am liebsten lange ungestört liest, also nicht zum Spielen nach draußen, und zwingen Sie umgekehrt das wilde, lebhafte Kind nicht an den Schreibtisch, selbst wenn Sie sicher sind, daß es im Moment seine Talente etwas vergeudet und weitaus mehr könnte als Baumhausbau und Mäusezucht.

Eine Menge von nötigen Anregungen für hochbegabte Kinder kann in den ganz normalen Rahmen eines alltäglichen Familienlebens eingebettet werden. Hochbegabte Kinder lieben meistens Rätsel, Denksportaufgaben oder knifflige Fragen. Anregungen dafür findet man in vielen Zeitschriften. Viele mögen es auch, wenn alltägliche Dinge verrätselt werden: »Nachtschattengewächsteile in Quaderform, dessen äußere Flächen mit einer erhitzten Pflanzenabsonderung verfärbt werden« – das sind Pommes, die in Öl fritiert werden, und so oder ähnlich kann im alltäglichen Umgang mit hochbegabten Kindern vieles zum Rätsel umgestaltet werden.

Unmittelbar selbst hat man etwas davon, daß hochbegabte Kinder Gesellschaftsspiele sehr viel früher beherrschen als andere, so daß man mit ihnen durchaus auch zum eigenen Vergnügen und nicht nur zum Kinderbeschäftigen spielen kann: Das gilt nicht nur für das bekannte Beispiel Schach, sondern auch Brettspiele wie Dame, Mühle und Halma, die manchmal schon von Vierjährigen sicher gespielt werden, oder für Kartenspiele wie Rommé, Canasta oder Skat, deren Spiel- und Zählregeln hochbegabte Kinder schon mit sechs bis acht Jahren verstehen können. Das Problem, dabei die vielen Karten zu halten, ist bei kleinen Kindern durch einen Kartenhalter zu lösen. Monopoly, Börsenspiel oder komplizierte Würfelspiele, bei denen Zahlenwerte zu errechnen sind, machen ebenfalls Erwachsenen wie Kindern Spaß und ersparen Eltern hochbegabter Kinder das sonst unvermeidliche Mensch-ärgere-dich-nicht. Insgesamt gilt: Hochbegabte Kinder mögen Strategiespiele viel lieber als Glücksspiele. Bei Strategiespielen sind sie für Erwachsene oft gleichwertige oder gar überlegene Partner.

In einen Haushalt mit einem hochbegabten Kind gehören Bücher. Dabei müssen Sie leider davon ausgehen, daß es gute und gleichzeitig billige Bücher für Kinder nicht gibt. Wo immer es geht, sind deshalb Leihbüchereien als Lesequellen regelmäßig zu besuchen. Hier kann das Kind normalerweise innerhalb einer großen Auswahl seines Interessengebiets auswählen und ausleihen. Selbst besitzen und bei allen Fragen des Kindes benutzen sollten Sie ein mehrbändiges Lexikon. Hier gibt es gute Ausgaben, auch zu erschwinglichen Preisen. Sehr gern haben es hochbegabte Kinder auch, wenn sie eine oder mehrere Zeitschriften im Abonnement beziehen können: Es gibt viele gute Kinder- und Jugendzeitschriften; bei entsprechendem Interesse könnte das aber für ein hochbegabtes Kind ohne weiteres auch eine Fachzeitschrift sein, die sich eigentlich an erwachsenes Publikum richtet.

Viele hochbegabte Kinder legen großen Wert darauf, im Fernsehen die gleichen Serien und Sendungen zu sehen wie Altersgenossen auch, um dann in der Schule darüber Bescheid zu wissen, »was so läuft«. (Manche allerdings interessieren sich überhaupt nicht für Fernsehen.) Auch wenn dabei viel Schrott ist, braucht Sie das nicht zu besorgen. Hochbegabte Kinder können durchs Fernsehen nicht dümmer werden – im Gegenteil: Sie nehmen aus allem, was sie sehen, wieder neue Informationen auf (und sei es über schlechte und bessere Zeichentricktechniken, über dramaturgische Verläufe, über Musikuntermalung bei Unterhaltungsfilmen usw.). Darüber hinaus interessieren sie sich aber auf breiter Linie auch für anderes: Die allermeisten populärwissenschaftlichen Filme im Bereich Tiere, Pflanzen, Landschaften, Geschichte, Archäologie, Raumfahrt und Astronomie sind auch für hochbegabte Kinder geeignet. Sie können am besten gemeinsam mit einem Elternteil angesehen, besprochen und zur weiteren Anregung benutzt werden.

Spielzeugwünsche von hochbegabten Kindern richten sich oft auf Bereiche, die wiederum den gängigen Altersvorstellungen etwas voraus sind. Ob man seinem hochbegabten Kind den heißgewünschten Experimentierkasten oder das Mikroskop schenken sollte, hängt etwas von der Geschicklichkeit des Kindes ab: Wenn es wahrscheinlich nicht alleine damit umgehen kann, sollte man die eigene Bereitschaft prüfen, ob man in der Intensität, wie es für das Kind nötig ist, hier mithelfen kann. Dinge zu kaufen, an denen das Kind dann nichts als das eigene Scheitern erleben kann, weil es zwar über das Verständnis verfügt, aber nicht über die Geschicklichkeit, ist sicher unsinnig.

Überhaupt können viele hochbegabte Kinder mit Spielzeug nicht allzu viel anfangen. (Eine Ausnahme stellen bei etlichen Kindern die Kuscheltiere dar. Sie decken wohl ganz besonders die kindlichen Bedürfnisse nach Wärme und Trost ab.) Hochbegabte Kinder bevorzugen reale Dinge, mit denen man richtig umgehen kann: Mein größter jemals als Kind geäußerter Wunsch ging in Erfüllung, als meine Eltern mir mit zwölf Jahren eine gebrauchte Schreibmaschine schenkten. Jan haben wir (als erstes Kind) mit »pädagogisch wertvollem Spielzeug« zugedeckt – es dauerte einige Jahre, bis wir entdeckten, daß er nicht aus Unzufriedenheit damit nicht spielte, sondern aus Desinteresse: Am liebsten hatte er Bücher. Silke kann man mit einem Berg Bastelpappe, mit Kleber, Schere, Stiften und Papier sicher mehr Freude machen als mit Puppen oder irgendwelchem anderen Spielzeug. Micha strahlte, als er einmal gutes Gartenwerkzeug für Kinder bekam. (Keine Regel aber ohne Ausnahme: Bis ins »hohe« Alter von neun Jahren wünschte sich Micha immer noch wieder Ergänzungsteile für eine Holzeisenbahn für Fünfjährige.)

Problematisch ist es sicher, daß viele Wünsche und Interessen hochbegabter Kinder in Richtungen gehen, die einiges kosten: Computer, Teleskop, Musikinstrumente u. ä. sind in aller Regel teuer und übersteigen unter normalen Einkommensverhältnissen bei weitem den Rahmen, der für Geburtstage, Weihnachten oder auch beides zusammen gesteckt werden kann. Hier soll deshalb auch nicht propagiert werden, teure Wünsche zwangsläufig zu erfüllen, bloß weil das Kind hochbegabt ist: Wünsche aufzuschieben, die nicht finanzierbar sind, ist auch klugen Kindern zuzumuten. Man sollte aber einen entsprechenden Wunsch nicht mit der Begründung aufschieben, daß ein Kind noch nicht alt genug dafür ist. Tatsächlich sind hochbegabte Kinder, die sehr planvoll ein Ziel und einen Wunsch verfolgen, wirklich bereit, die Finanzkraft der Geschenke mehrerer Feiertage zusammenzulegen, um das zu bekommen, was sie wirklich wollen. Manche finden im Rahmen ihrer Fähigkeiten erstaunliche Möglichkeiten, sich selbst etwas zu verdienen. Dies kann und sollte man unterstützen, auch wenn es einem unkindlich und nicht spontan vorkommt. Für Musikinstrumente gilt, daß sie vielfach auch zu einer erschwinglichen Gebühr bei Musikschulen auszuleihen sind (Klaviere natürlich nicht).

Überhaupt sollten Sie sich gründlich informieren, welche außerschulischen Angebote es für Kinder im näheren Umfeld Ihres Wohnorts gibt, und Sie sollten sie ausnutzen: Volkshochschulen, freie Kunst- und Theaterinitiativen, Bildungswerkstätten... Manchen Eltern von hochbegabten Kindern fällt das schwer: »Die Hochbegabung meines Kindes zwingt mich, genau das zu tun, was ich schon immer und eigentlich auch jetzt noch bei anderen Eltern hasse: meinem Kind einen Terminplan zu verpassen und es von einem Kurs zum anderen zu fahren.« Versuchen Sie sehr deutlich herauszufinden, inwieweit der Impuls zur Teilnahme an Kursen von Ihrem Kind ausgeht: Dann ist es gut und richtig, besonders dann, wenn es solche Kurse auch kontinuierlich und mit Freude durchhält. Sollten Sie aber bei ehrlicher Betrachtungsweise es eigentlich mehr drängen, aus dem Gefühl heraus, »das könnte es auch noch weiter bringen«, dann lassen Sie lieber die Finger davon.

Manchmal interessiert sich Ihr Kind für Veranstaltungen oder Kurse, bei denen der Veranstalter eine Altersbegrenzung angibt. Eine gute Argumentation, Ihr Kind hier trotzdem teilnehmen zu lassen, besteht im Hinweis auf durchgeführtes Überspringen einer Klasse.

Besonders sozial begabte Kinder mit großem Einfühlungsvermögen in politische und gesellschaftliche Probleme sehnen sich schon früh nach Möglichkeiten, ihr Wissen und ihre Überlegungen in konkretes Engagement umzusetzen. Wie sie dies tun, wird im Grundschulalter und auch noch einige Jahre später durch die Haltung der Eltern akzentuiert. Möglichkeiten zu einem entsprechenden Engagement, in dem sich auch und gerade Hochbegabte einbringen können, bieten teilweise u. a. Umweltinitiativen, Pfadfinder, kirchliche Gruppen und Kindergruppen politischer Parteien.

Alles, was ich hier beschrieben habe, bedeutet, daß ich das »Enrichment« – die Ausweitung, Vertiefung und Ergänzung schulisch vermittelten Wissens – im wesentlichen als eine Aufgabe des Elternhauses ansehe. Im Kapitel ab S. 123 habe ich das im Punkt 16 auch näher begründet. Diese Einstellung entspricht im wesentlichen der jetzigen gesellschaftlichen Realität und kann zur Zeit nicht anders verwirklicht werden.

Demgegenüber gibt es aber auch sehr gute Gründe gegen diese Sicht und für die Forderung, auch das Enrichment von hochbegabten Kindern müsse in der Schule stattfinden. Wie mehrfach anklang, ist das Ausmaß zur Förderung, Anregung und Ausweitung natürlich abhängig von den Lebensumständen der Familie. Wenn hochbegabte Kinder in Familien aufwachsen, wo die Eltern über genügend Geld, über viel Zeit und/oder über das nötige Vorwissen verfügen, sind sie im Vorteil. Hochbegabte Kinder aus Familien mit Geldknappheit, Zeitnot und wenig Vorwissen sind deutlich benachteiligt. Dies kann eigentlich nicht richtig sein und darf nicht so auf Dauer hingenommen werden.

Welche Hilfen können Sie von der DGhK erwarten?

Je nachdem, wo Sie wohnen, besteht möglicherweise ein größeres Angebot an Enrichmentprogrammen für hochbegabte Kinder, als Sie denken. Die Veranstaltungen der DGhK führen vor allem hochbegabte Kinder zusammen. Rein rechnerisch müssen Sie ansonsten davon ausgehen, daß Ihr Kind in seiner Klasse das einzige hochbegabte Kind ist. Möglicherweise finden Sie andere Kinder, die das Spezialinteresse Ihres Kindes teilen, und Veranstaltungen, die sich genau an dieses Spezialinteresse richten. (Das gilt auch für Seltenes: Nur über die DGhK haben wir eine Möglichkeit gefunden,

Jan mit anderen Kindern aus der gesamten Bundesrepublik zusammenzubringen, die schon seit früher Kindheit lange und ausführliche Texte und teilweise Romane schreiben. Ähnlich selten sind komponierende Kinder. Auch hierüber wäre bei der DGhK etwas zu erfahren.) Mit anderen Eltern können Sie sich über die Probleme aussprechen, die Sie während der Schulanfangszeit bewegen. Vielleicht erhalten Sie Information über die Fälle in Ihrer Nähe, in denen Überspringen erfolgreich praktiziert wurde und auf die man sich im Gespräch mit der Schule berufen kann. Sie können etwas über die rechtlichen Regelungen erfahren, die zur Zeit in Ihrem Bundesland für das Überspringen gelten. Hier gibt es einige geringfügige Unterschiede. Sie können sich selbst etwas Besorgnis nehmen, indem Sie sich schon einmal über den Übergang zum Gymnasium informieren.

Intensiver sollten Sie Beratungsmöglichkeiten nutzen, wenn schwerwiegendere Probleme auftreten, als sie hier beschrieben wurden, also insbesondere bei echtem Schulversagen trotz Hochbegabung, bei schwerwiegenden Verhaltensstörungen, die trotz Hochbegabung ein erfolgreiches Lernen verhindern, und dann, wenn zwischen Schule und Elternhaus bereits ein festgefahrener Konflikt besteht, aus dem es ohne Beratung von außen keinen Ausweg zu geben scheint.

Hochbegabte Kinder auf dem Gymnasium – ein Überblick

Die richtige Schulform für ein hochbegabtes Kind ist das Gymnasium. Mit dieser Feststellung ist keine Abwertung der integrierten Gesamtschule verbunden: Diese Schulform hat den Anspruch, durch differenzierende Maßnahmen den individuellen Lernanforderungen von Schülern mehr gerecht zu werden als das überkommene dreigliedrige Schulsystem. Gesamtschulen verwenden sehr viel organisatorischen und pädagogischen Einsatz darauf, die oft künstlichen Trennungen zwischen »Hauptschülern«, »Realschülern« und »Gymnasiasten« aufzuheben, wo immer es möglich ist. Gerade deshalb kommt in dieser Schulform aber die Förderung von Hochbegabten zu kurz, und die Möglichkeiten dazu sind auch noch geringer, als es sowieso schon vielen Gymnasien auch der Fall ist.

Während vor dreißig bis vierzig Jahren allenfalls sechs Prozent aller Schüler eines Jahrgangs das Gymnasium besuchten, sind es heute, mit erheblichen regionalen Unterschieden, bis zu mehr als ein Drittel. Das sollte nicht allzusehr beklagt werden. Mit Sicherheit waren die früheren Auslesekriterien des Gymnasiums nicht nur von der Leistung des Schülers abhängig. Faktisch spielten auch die soziale Herkunft und das finanzielle Vermögen der Eltern, Kindern eine lange Ausbildung zu sichern, eine erhebliche Rolle. Das schloß oft begabte und hochbegabte Kinder aus bildungsfernen oder finanzschwachen Herkunftsfamilien in weitem Rahmen von der schulischen Ausbildung aus, die ihnen gemäß gewesen wäre.

Weil sich am Gymnasium die leistungsstärksten Schüler aus den Grundschulen treffen, können Sie von einer wichtigen Tatsache ausgehen: Innerhalb der Klasse eines Gymnasiums wird Ihr Kind mit seiner Hochbegabung aller Wahrscheinlichkeit nach nicht mehr allein sein. Rein statistisch müßten in einer Klasse mit dreißig Schülern wenigstens noch ein bis zwei Kinder mit ähnlicher Begabung sein, selbst wenn deren Eltern es nicht wissen oder es weit von sich weisen würden, und außerdem ein paar andere, die sich diesem Leistungsbereich sehr annähern. Nicht immer schließen sich hochbegabte Kinder in einer Klasse zusammen, aber doch gar nicht so selten. Für manche hochbegabte Kinder verschwindet im Gymnasium das ausgeprägte Gefühl, ganz anders zu sein als alle anderen Kinder. (Jan hat sich nach dem Überspringen im Gymnasium einen freudigen Leistungskampf mit einem anderen Schüler geliefert, mit dem er sich dann sehr eng befreundete. Erst später erfuhren wir, daß Jans Freund sich riesig gefreut hatte, jemanden in der Klasse zu haben, der genauso gut und noch jünger ist als er. Das nahm wohl seiner Spitzenposition etwas vom Besonderen. Er war Ende Oktober geboren, auf Antrag eingeschult worden und gerade sechs Wochen älter als Jan.)

Im Grundschulalter können Sie möglicherweise das Enrichment – die Anreicherung, Vertiefung und Erweiterung des schulischen Lernstoffs – noch selbst übernehmen. Egal welche Ausbildung Sie auch haben: Mit dem Eintritt ins Gymnasium sollten Sie damit rechnen, daß Ihr hochbegabtes Kind Sie in den nächsten Jahren in einigen oder allen Wissens- und Lernbereichen deutlich überflügeln wird. Auf dem weiteren Weg wird aber deshalb immer wichtiger, daß die Forderungen des hochbegabten Kindes nach Lernstoff möglichst auch von der Schule und durch jeweilige Fachkräfte erfüllt werden.

Gerade dort, wo mehrere Gymnasien am gleichen Ort in ziemlicher räumlicher Nähe existieren, besteht auch ein gewisser Konkurrenzkampf im Wettbewerb um Schüler. Deshalb bemühen sich etliche Gymnasien, ein deutliches und eigenes Profil zu bekommen, das sie von anderen Gymnasien am gleichen Ort unterscheidet. Dies sollten Sie für Ihr Anliegen ausnutzen: Für Ihr Kind ist nicht zwangsläufig das nächstgelegene Gymnasium am besten geeignet, sondern das Gymnasium, dessen Angebote seinen besonderen Interessen und Fähigkeiten entsprechen, die sich bis zu diesem Alter meist schon deutlich ausgeprägt haben. Es gibt Gymnasien, die einen deutlichen Schwerpunkt im mathematisch-naturwissenschaftlichen Bereich setzen. Andere Gymnasien haben sich im Bereich Informatik profiliert. Hier würden wirkliche Computerfreaks unter den hochbegabten Kindern sicher besser aufgehoben sein als an einem Gymnasium, das diesen Bereich nur eher zähneknirschend anbietet (»wieder so was Neumodisches, womit unser humanistisches Bildungssystem belastet wird«). Andere Gymnasien ermöglichen Schwerpunkte im Fremdsprachenbereich, zum Beispiel auch im altsprachlichen Bereich: ein wichtiges Angebot, wenn das Interesse des hochbegabten Kindes schon jetzt eindeutig in den Bereich Altertumsforschung, Geschichte, Theologie oder ähnliches geht. Manche Gymnasien sind ab einer bestimmten Stufe bilingual: Eine zweite Sprache wird nicht nur gelehrt, sie ist auch in einigen Unterrichtsfächern wie Geographie, Politik und Geschichte Unterrichtssprache. Das ist eine echte Herausforderung für hochbegabte Kinder. Vorherige Kenntnisse in der Zweitsprache oder gar Zweisprachigkeit aus dem Elternhaus sind für bilinguale Schulen keinesfalls Voraussetzung. Schüler, die eine bilinguale Schule verlassen, beherrschen aber dann die Zweitsprache auf einem ähnlichen

Niveau wie ihre Muttersprache. Bilinguale Zweige des Gymnasiums beginnen meist in der Klasse 7. In der Nähe von Landesgrenzen können Sie teilweise auch Schulen finden, die bereits ab Klasse 5 bilingual (mit der Sprache des Nachbarlandes) unterrichten. Sehr selten gibt es Schulen, in denen ein musikalisch-künstlerischer Schwerpunkt gesetzt wird, zum Beispiel mit wirklicher Instrumentalausbildung, oder in denen Schach benotetes Unterrichtsfach ist. Außerdem gibt es Ganztagsgymnasien: Hier können Sie davon ausgehen, daß das übliche Unterrichtsangebot noch durch ein breites Spektrum an interessenorientierten Kursen ergänzt und erweitert wird, deren Teilnahme nicht durch Pflichtzuweisung, sondern weitgehend durch Wahlmöglichkeiten der Schüler selbst bestimmt wird.

Ein gewisses Profil hat jedes Gymnasium. Erkundigen Sie sich danach. Außerdem haben Sie zumindest beim nahezu überall angebotenen »Tag der offenen Tür« für Eltern der Grundschulabgänger Gelegenheit nachzufragen, ob im Gymnasium flexible Maßnahmen für besondere Begabungen bekannt sind und praktiziert werden. Dies kann für Sie zu einem bedeutenden Auswahlkriterium werden. Fragen Sie nach folgenden Dingen: Haben an dieser Schule schon einmal Schüler eine Klasse übersprungen? Wie oft? Mit welchem Erfolg? Wie ist also die Einstellung der Schule dazu? Besteht die Möglichkeit, auf Wunsch an mehr als einem Wahlpflichtkurs oder Leistungskurs teilzunehmen, wenn das stundenplantechnisch möglich ist? Können Kinder, die in einem Fach ganz besonders gut sind, am Unterricht höherer Klassen teilnehmen – zum Beispiel als Achtklässler und Neuntklässler auch an Oberstufenkursen? Sind womöglich gar schon einmal sogenannte D-Zug-Klassen eingerichtet worden – Klassen mit besonders motivierten Schülern, die den Lernstoff eines bestimmten Schulabschnitts in kürzerer

Zeit erarbeiten (z. B. den Lernstoff von Klasse 7–10 in drei Jahren)?

Sehr große Gymnasien hätten eigentlich von ihrer Organisationsstruktur viel mehr die Möglichkeit, individualisierende Maßnahmen dieser Art für hochbegabte Kinder (und auch für andere) durchzuführen. Tatsächlich verkrustet manchmal diese Struktur und wird zum Selbstzweck: Dann wird von einmal eingeschlagenen Wegen nicht abgewichen, selbst wenn sie denkbar wären und begründet werden könnten. (»Wir verstehen Sie – aber wenn wir das machen, bringt das alles durcheinander. Schauen Sie doch hier mal auf den Stundenplan. Soll ich das alles umstecken, bloß wegen Ihres Kindes?«) Demgegenüber sind kleinere Gymnasien oft viel eher bereit, auch einmal die Belange eines einzelnen Kindes zu berücksichtigen, speziell dann, wenn der Direktor tatsächlich noch jeden Schüler persönlich kennt und die meisten schon einmal selbst unterrichtet hat. Wägen Sie hier sehr genau Vorteile und Nachteile ab, und berücksichtigen Sie Ihre persönlichen Einstellungen. Eine hundertprozentige Lösung werden Sie nie erhalten. Ich selbst würde allerdings glaubwürdigen und freundlich vermittelten Aussagen, die ein Schulleiter im persönlichen Gespräch trifft, mehr vertrauen als dem werbeähnlichen Hochglanzprospekt eines Gymnasiums, bei dem die Anmeldefrist für ein Gespräch mit der Schulleitung mehrere Wochen beträgt.

Persönliche Atmosphäre ist wiederum nicht alles – schon gar nicht im Unterricht auf dem Gymnasium. Für Ihr Kind kann das sowohl belastende als auch entlastende Aspekte haben. Weil in jeder Klasse mehrere Lehrer unterrichten, oft sechs bis acht verschiedene, gibt es weder den »sehr guten« Lehrer, der in seiner Art das gesamte Lern- und Sozialklima einer Klasse bestimmt, noch gibt es den »sehr schlechten« Lehrer, dem ein Kind die gesamte Woche lang Tag für Tag auf Gedeih und Verderb ausgeliefert ist. Ihr Kind muß mit sehr unterschiedlichen Menschen zurechtkommen. Konflikte wird es – deutlicher als in der Grundschule – deshalb vorwiegend in Teilbereichen und mit einzelnen Lehrern geben (und wegen der Unterschiedlichkeit der Lehrer und der Fächer ist ein Argument immer falsch: »Also, bei Ihrem Kollegen hat mein Kind diese Probleme nicht...«)

Möglicherweise sehen Sie vor dem Eintritt ins Gymnasium manches sorgenvoller, als es nötig ist. Fast immer gilt für hochbegabte Kinder: Sie mögen Lehrer, die in ihrem Fach kompetent sind, die auf ihrem Gebiet Bescheid wissen und auf klare Fragen klare Antworten geben können. Die fachliche Kompetenz ist ihnen wichtiger als die pädagogische. Deshalb kommen hochbegabte Kinder häufig auch mit den Lehrertypen zurecht, die bei vielen anderen Schülern ausgesprochen unbeliebt sind: strenge, ausschließlich am Unterrichtsstoff orientierte und sachbezogen arbeitende Lehrer, die alle nicht fachbezogenen Bemerkungen und Tätigkeiten sofort unterbinden und auch auf persönliche Einstellungen, Vorlieben oder auf die Tagesform des Kindes keine Rücksicht nehmen. (Vielleicht werden Sie am Elternsprechtag feststellen, daß sie vor den Türen dieser Lehrer die einzigen sind, die dem Gespräch einigermaßen entspannt und beruhigt entgegensehen, während andere Eltern so nervös sind, als stünden sie persönlich vor einer Prüfung.)

Grundsätzlich gilt für das, was Sie vom Gymnasium für Ihr hochbegabtes Kind erwarten und fordern sollten, das gleiche wie in der Grundschule: Erbringt Ihr Kind ohne irgendeine häusliche Anstrengung in nahezu allen Fächern Noten zwischen Eins und Drei, und beklagen die Lehrer außerdem noch gleichzeitig Unaufmerksamkeit, Unruhe und fehlende Konzentration? Dann sollten Sie an das Überspringen einer Klasse denken. Ein günstiger Zeitpunkt dafür liegt nach der fünften Klasse, weil normalerweise mit Klasse 7 die zweite Fremdsprache beginnt. Außerdem kann bei hochbegabten

Kindern die Klasse 11 oft übersprungen werden. Weil das Kurssystem in der Oberstufe oft erst nach einem Halbjahr beginnt, bietet sich auch ein Überspringen nach dem ersten Halbjahr der zehnten Klasse an. Überspringen zu anderen Zeitpunkten ist möglich, es ist aber durch das Nachlernen von Fremdsprachengrundlagen schwieriger.

Erbringt Ihr Kind nur in einem oder zwei Fächern unbestrittene Spitzenleistungen, während es in allen anderen Fächern durchaus im Leistungsbereich seiner Klassenstufe ist? Dann sollten differenzierende Maßnahmen in Betracht gezogen werden – weniger innerhalb der Klasse, sondern durch Teilnahme an zusätzlichen Unterrichtsangeboten oder durch Teilnahme am Unterricht einer höheren Jahrgangsstufe. Gerade im Gymnasium könnten dabei ja größere Spannen überbrückt werden als auf der Grundschule. In Einzelfällen nehmen hochbegabte Kinder der siebten oder achten Klasse in einzelnen Fächern an Unterrichtsstunden der Oberstufe teil. (Es gibt viele gute Gründe, solche differenzierenden Maßnahmen *allen* Kindern zukommen zu lassen, die den jahrgangsbezogenen Unterrichtsstoff einer Klasse schon beherrschen. Es ist unsinnig, zweisprachige Kinder mit englischsprachigem oder französischem Elternteil am normalen Fremdsprachenunterricht teilnehmen zu lassen. Auch die allermeisten Kinder, die einen regelmäßigen qualifizierten Instrumentalunterricht gehabt haben, sind im normalen Musikunterricht ständig unterfordert.)

Über die meisten Sondermaßnahmen entscheidet zwar die Klassenkonferenz. Sie richtet sich dabei, wenn es nur einzelne Fächer betrifft, nach dem Urteil der jeweiligen Fachlehrer, wenn es das Überspringen einer Klasse betrifft, nach dem Urteil der Lehrer der Hauptfächer oder eines Lehrers, der als Experte für Hochbegabung gilt. Berücksichtigen Sie das bei Gesprächen: Sie müssen nicht immer alle Lehrer überzeugen, daß Ihr Anliegen begründet ist, sondern nur jeweils die Meinungsmacher. Die Schulleitung können Sie aber nicht übergehen, sobald es sich um Maßnahmen handelt, die auch schulorganisatorische Aspekte berühren.

Widerstände könnten im übrigen zunehmend von einer Seite kommen, von der Sie es nicht erwarten:

Zum einen hat Ihr Partner oder Ihre Partnerin als anderes Elternteil möglicherweise eine ganz andere Einstellung als Sie. Dann müssen Sie unter sich ausdiskutieren: Wie wichtig ist eigentlich der Schutz des Kinder vor Unterforderung, und wie wichtig sind gute Noten? Vor allem mit dem Überspringen, aber auch mit anderen Sondermaßnahmen oder mit der Ausweitung des Unterrichtsstoffs durch zusätzliche Leistungskurse muß ja manchmal eine Notenverschlechterung in Kauf genommen werden, obwohl sich das Arbeitsverhalten des Kindes deutlich bessert. Wäre es also im Hinblick auf den Notendurchschnitt als Zugangsberechtigung zu bestimmten Studiengängen nicht besser, das Kind sehr deutlich und konsequent zu motivieren: Investiere in den Unterrichtsstoff, der dir längst bekannt ist und deshalb lässig mit Flüchtigkeitsfehlern und Zweier- oder Dreiernoten erledigt wird, jene reine Fleißenergie, die nötig ist, um glatte Einsen zu erreichen? – Hier gibt es keine einfache Lösung: Manche hochbegabten Kinder entwickeln den entsprechenden Ehrgeiz. Sie sorgen dafür, daß niemand in der Klasse bessere Noten hat als sie selbst. Andere sehen dies als verschwendete Energie an, und sie sträuben sich hartnäckig.

Denn auch damit müssen Sie rechnen: Ihr Kind möchte möglicherweise keine Sondermaßnahmen, keinen zusätzlichen Wahlpflicht- oder Leistungskurs und schon gar nicht mehr ein zweites Mal überspringen – nicht so sehr, weil es sich das nicht zutraut oder nicht Spaß daran hätte, sondern weil es leben möchte wie alle anderen: Hochbegabte Kinder befinden sich eben immer im Spannungsfeld zwischen dem Impuls, zu allen andern dazu gehören zu wollen, und dem

Impuls, ihren eigenen Neigungen und Interessen zu folgen. Sie können Ihrem Kind das nicht abnehmen, und mit zunehmendem Alter können Sie auch keine Entscheidungen mehr ohne sein völliges Einverständnis treffen, selbst wenn Sie wissen oder sich berechtigt sorgen, daß sich seine Einstellung später als Irrweg herausstellen wird. Vertrauen Sie darauf, daß auch falsche Entscheidungen auf anderen Wegen korrigiert werden können. Gestehen Sie Ihrem jugendlichen Kind zu, auch Fehler zu machen. Unterstützen Sie es in seiner selbständigen Entscheidung. Möglicherweise kommt ein Kind, das ein Überspringen in der siebten Klasse verweigert, nach ein paar Jahren von selbst auf die Idee, daß die elfte Klasse nicht nötig ist oder besser für einen Auslandsaufenthalt genutzt werden kann. Eine hochbegabte Jugendliche, die in der zwölften Klasse plötzlich entdeckt, was sie unbedingt studieren möchte und welche Noten dafür nötig sind, verfügt normalerweise über die Fähigkeiten, die Energie und die Ausdauer, diesen Notendurchschnitt innerhalb der dann zur Verfügung stehenden Zeit doch noch zu erreichen.

Je spezieller die Interessen Ihres hochbegabten Kindes sind und je weniger diese Interessen in der Schule aufgenommen werden können, desto mehr brauchen Sie die Anregungen, die Sie über die DGhK erhalten können. Dies gilt insbesondere für Informationen über die wenigen Spezialschulen für Hochbegabte, die es zur Zeit gibt, aber auch für Informationen über Wettbewerbe, die von den verschiedensten Organisationen veranstaltet werden. »Jugend forscht« ist der bekannteste, aber bei weitem nicht der einzige Wettbewerb.[*] Außerdem werden Sie über Stipendien informiert, die von Parteien, Organisationen und Institutionen zur Förderung von Spezialtalenten geboten werden und vor allem dann

---

[*] (Hierüber und über »SchülerAkademien« zur außerschulischen Förderung in den Sommerferien gibt es auch Informationen bei: Bildung und Begabung e.V., Wissenschaftszentrum, Ahrstraße 45, 53275 Bonn).

wichtig sind, wenn ansonsten die Weiterförderung von Hochbegabten an den finanziellen Möglichkeiten des Elternhauses scheitern würde, über Teilnahmemöglichkeiten an speziellen Ferienangeboten für Hochbegabte und Hochmotivierte und über Angebote zum Schüleraustausch und zu internationaler Begegnung (die Vermutung vieler Eltern ist falsch, daß Auslandsaufenthalte nur dann möglich sind, wenn aufgrund der Wohn- und Lebensverhältnisse ein Austausch und die Aufnahme eines Gastschülers gewährleistet sind).

Eltern und Geschwister hochbegabter Kinder

Etwas für sich selbst tun – Positives sehen

Sie haben gelesen und selbst erfahren: Der Umgang mit hochbegabten Kindern, egal in welchem Alter, ist anstrengend. Manchmal gibt es zwar Zeiten, die wie Ruhe- und Erholungspausen wirken. Bald aber ist wieder der nächste Schritt zu bewältigen, das nächste Unverständnis aus der privaten Umgebung oder von Vertretern öffentlicher Institutionen auszuhalten und das nächste Mißverhältnis zwischen geistiger Leistungsfähigkeit und altersgemäßen Gefühlen und Verhaltensweisen bei Ihrem Kind in die Balance zu bringen. Unterschätzen Sie das alles nicht. Auch Ihre eigenen Kräfte sind begrenzt. Wenn Sie sich zuviel aufladen, sind diese Kräfte rasch aufgebraucht, und es bleiben keine Reserven.

Wer ein hochbegabtes Kind hat, sollte deshalb sehr sorgsam mit sich selbst umgehen. Ihr Kind braucht Sie und Ihre Anregungen und Unterstützungen. Aber Sie sind kein Dienstleistender für das Kind. Sie müssen nicht stellvertretend für es selbst mit seiner Langeweile umgehen, wenn das zumutbar für Ihr Kind ist, Sie müssen nicht alle seine Konflikte aushalten und klären, wenn es sie selbst aushalten und klären kann. Dementsprechend haben Sie ein Recht auf kinderfreie Zeiten, wenn das Kind in dem Alter ist, sich auch selbst beschäftigen zu können, und Sie müssen nicht bei jedem kleineren schulischen Ärger in die Bresche springen.

Schaffen Sie sich selbst gezielt Bereiche, in denen Sie entspannen können. Überlasten Sie sich nicht. Sie müssen nicht überall sein und alles regeln wollen. Wie und wo Sie am besten Ihren Ausgleich finden, kann Ihnen niemand vorschreiben. Suchen Sie sich Ruhe, Ausgleich und die Kraftquellen, die zu Ihnen passen. Das kann ein Hobby sein, Sport, Musik, Kino- und Theaterbesuche – genauso aber auch der Besuch der Sauna, das völlig zweckfreie Anschauen eins Unterhaltungsfilms oder einer Gameshow, Trödeln, Dösen, Lesen oder Spielen.

Auch die Mitarbeit und das Treffen in der Selbsthilfe braucht nicht zu einer Arbeit auszuarten, die von Ihnen nur als anstrengend und überlastend erlebt wird und damit zähneknirschend erledigt wird. Lenken Sie Ihre Aufmerksamkeit vielmehr auf das, was Sie davon bekommen: Meist ist das mehr, als Sie geben – und auch mehr, als Sie sich wünschen würden: eine Fülle von Anregungen und Erfahrungen, die ihnen im Alltag unmittelbar zugute kommt, und positive und dankbare Rückmeldungen, wenn durch Ihre Erfahrung jemand anderem geholfen werden konnte.

Dieses Umkehren einer Sichtweise ist generell eine gute Möglichkeit, mit Schwierigkeiten fertig zu werden. Belastendes, Problematisches und Konflikthaftes müssen Sie nicht leugnen und verdrängen. Wer aber immer nur diese Bereiche sieht, engt sich ein. Es ist nämlich keine Kunst, unmittelbar aus dem, was Sie mit Ihrem hochbegabten Kind erleben, auch Freude, Spaß, Vergnügen und manchmal auch berechtigten Stolz zu ziehen.

Wenn ich für unsere Familie beschreiben soll, wodurch unsere Kinder uns Eltern all dies vermitteln, dann ist das sehr persönlich. Gespräche mit anderen Eltern hochbegabter Kinder haben mir aber vermittelt: Andere erleben und sehen zwar ihre Kinder teilweise anders. Freude an ihnen und ihrer Lebenssituation ist aber immer möglich.

Ein wesentliches, prägendes Element, das unsere Kinder ins Familienleben durch ihre ganz besondere Art einbringen, ist der Humor. Ich kann mir nicht vorstellen, wie ein Tag aussehen würde, ohne daß ihr spezieller sprachlicher Witz, das Erkennen von Doppelbedeutungen und Situationskomik, das darauf folgende schallende Gelächter und die immer neuen und immer originellen Variationen einer Situation unsere Gespräche und unseren Umgang prägen. Jan hat am meisten Kontakt auch mit anderen hochbegabten Kindern. Wenn ich ihn mit anderen umgehen sehe, dann weiß ich, daß dieser sprachliche und manchmal skurrile Humor bei hochbegabten Kindern weit verbreitet ist. Es ist einfach rundum lustig. Mehr als einmal hat es auch innerhalb kürzester Zeit bedrückendere Situationen entspannt, zum Beispiel, wenn auf diese Art und Weise dem Ärger über einen Lehrer die Spitze genommen wurde oder wenn ich mich beim Schimpfen und Drohen so vergaloppiere, daß eine weitere Übersteigerung jeden Ärger unmöglich macht. (»Ja, ja, Papa, wir wissen: Du hast uns schon millionenmal gesagt, wir sollen nicht so übertreiben ...«) Wenigstens einmal habe ich beobachten können, daß sie auch untereinander auf diese Weise Streit entschärfen: Micha und Silke waren furchtbar wütend aufeinander und steigerten sich in Gebrüll und Gezänk. »Du bist ein alter Spinner«, brüllte Micha auf dem Höhepunkt des Streits seine Schwester an. Kurz danach wäre nur noch Prügeln möglich gewesen. Silke überlegte einen kurzen Moment und mit der gleichen Lautstärke, aber schon grinsend, brüllte sie zurück: »Stimmt gar nicht – ich bin eine Spinn*erin*!!!«[*] Beide brachen in Lachen aus, und der Streit war vergessen.

---

[*] Weil es sich besser schreiben und lesen läßt, verwende ich in diesem Buch männliche Bezeichnungen wie Lehrer, Arzt, Psychologe und Rektor auch dann, wenn die weibliche Bezeichnung mitgemeint ist. Das Wort »Kindergärtnerin« habe ich wegen des über-

Genauso fröhliche Situationen können unbeabsichtigt entstehen, wenn hochbegabte Kinder ihr Wissen und Nachdenken, das manchmal in eine völlig andere Richtung als vermutet geht, in den Alltag einbringen. So fragte Silke als Dreijährige einmal vorsichtig bei mir an, ob der Videofilm »Schneewittchen« auch nicht zu spannend ist. Ich wollte ihr keine Angst machen und erzählte die Geschichte ganz behutsam: »Die böse Stiefmutter gibt Schneewittchen einen giftigen Apfel, um sie zu töten, und Schneewittchen fällt um. Sie ist aber gar nicht tot, sondern sie schläft nur tief.« Darauf meinte Silke kurz, logisch, erfolgsorientiert und herzlos: »Dann muß sie ihr noch einen zweiten Giftapfel geben.« Als sie ein paar Monate später im Film »Aladdin« eine Szene sieht, wo einer Diebin eine Hand abgeschlagen werden soll, meint sie in ähnlicher Weise: »Nützt gar nichts, sie kann ja mit der anderen Hand noch weiterklauen.«

Ich behauptete: Das macht ganz einfach Spaß. Das schönste Beispiel für eine humorvolle Situation, die aus der völlig richtigen Überlegung eines hochbegabten Kindes kam, steht in einem der frühesten »Labyrinthe« (Labyrinth, Zeitschrift der DGhK – damals: Gesellschaft zur Förderung hochbegabter Kinder e. V. – Ausgabe 1, Hamburg 1979, S. 4): Ein hochbegabter Dreijähriger, der sich seit einer Weile viel mit Fragen zur Zeit beschäftigt, quengelt auf einer Fahrt in den Urlaub immer wieder, wann man denn endlich ankomme. »Schlaf ein bißchen, dann vergeht die Zeit schneller«, meint die Mutter. Der Dreijährige antwortet, völlig richtig: »Dann

wältigend hohen Frauenanteils in diesem Beruf durchgehend geschrieben, obwohl es vereinzelt Männer gibt.

Ich respektiere sehr die Gründe, die für eine konsequente Mitverwendung der weiblichen Bezeichnung sprechen. Deshalb habe ich dies auch im Kapitel für Lehrerinnen und Lehrer durchgeführt, weil besonders viele von ihnen Wert darauf legen, und immer dann, wenn ich Sie als Leserin oder Leser direkt anspreche. Als Ausgleich für meine Inkonsequenz treten besonders in positiven Beispielen sehr oft Mädchen und Frauen als Handelnde auf.

kommen wir ja noch später an ...« – Etwas Vergleichbares habe ich bei einem Strandurlaub im Sommer erlebt: Silke ging trotz Verbots so weit ins Wasser, daß ihr Kleidchen naß wurde. Mama hatte es noch nicht gemerkt, aber Micha. Vorsichtig fragte Silke nach: »Was ist, wenn mein Kleid gleich doch naß wird??« Bevor Mama antworten konnte, meinte Micha: »Dann haben wir einen Zeitsprung rückwärts gemacht.«

Im übrigen bin ich immer wieder erstaunt, wenn meine Kinder mit einer einzigen Bemerkung vermeintlich Selbstverständliches hinterfragen, es genauer wissen oder erklärt haben wollen – und wir als Erwachsene dann feststellen müssen, genausowenig zu wissen wie sie. »Wenn in einem dunklen Raum nur eine Kerze leuchtet – wird es heller, wenn man einen Spiegel davorstellt und eine zweite Kerze zu sehen ist?« fragte Micha. Er wollte das wirklich wissen und nicht nur uns testen. Meine Frau antwortete spontan und (wie sich letztlich herausstellte) richtig, ohne das aber begründen zu können. Ich holte zu einer weiten Erklärung aus (die aber letztlich falsch war). Jan mutmaßte herum. Silke hatte eine eigene Theorie, die von ihren Brüdern ernstgenommen wurde und sehr nahe an der Lösung lag. In ähnlicher Weise beschäftigte uns alle auf Silkes Anregung längere Zeit die Frage, ob man sich eigentlich sicher sein kann, daß ein anderer Mensch die Farben so sieht wie man selbst oder Geräusche so hört wie man selbst. Ein anderes Mal war die Frage zu lösen: »Eine Erdumdrehung dauert 23 Stunden, 56 Minuten und 4 Sekunden. Weshalb verschiebt sich dann Mitternacht nicht im Lauf von Tagen?« (Ich war ganz stolz, weil ich mit Hilfe des Lexikons als erster die richtige Lösung herausgefunden hatte.)

Ich behaupte: Auf diese Weise haben wir durch unsere Kinder gelernt, Neuem gegenüber immer aufgeschlossen zu bleiben. Vor allem die anfangs als unangenehm erlebte Hartnäckigkeit, mit der sie so vieles wissen und können wollen, hat mich mit Themen und Bereichen in Berührung gebracht, auf die ich vorher nicht gekommen wäre: Angeln, Fußball, Judo – nicht nur ausgeübt, sondern auch die umfangreichen theoretischen Grundlagen, ebenso aber auch der Umgang mit Computern, literarischen Fragen, Naturkunde und, vor allem durch Micha, praktische handwerkliche Fragen. Die Unbeeinflußbarkeit meiner Kinder, sich meine Interessen aufdrücken zu lassen, hat zwar verhindert, daß mein heimlicher Traum von musikalischen Kindern und einer Familiencombo wahr wurde. Aber sie hat mir sehr viel mehr gebracht, als ich erwarten konnte.

Außerdem weiß ich sicher: Zwar haben wir viel Zeit, Ausdauer und Gedanken für Gespräche mit der Schule und dem Kindergarten aufbringen müssen, um sinnvolle Lösungen für unsere hochbegabten Kinder zu finden – und vieles steht uns noch bevor. Ich weiß aber auch, daß es manchen Eltern normal begabter Kinder und allen Eltern nur schwach begabter Kinder oft noch sehr viel schlechter geht. Wenn ich von anderen Eltern Berichte über die Schulschwierigkeiten ihrer Kinder höre, darüber, wie schwer ihnen das Lernen fällt, welche Belastung es in die Familie bringen kann, wenn eine Klasse wiederholt wird, und wie wenig die Lehrer manchmal darauf eingehen, wenn ein Kind in manchen Fächern lernschwach ist – dann weiß ich: Auch anderen Kindern wird die volle Entfaltung ihrer Möglichkeiten oft vorenthalten. Das wertet die eigenen Sorgen und Gedanken über meine Kinder nicht ab. Sie werden dadurch nicht zu nebensächlichen Problemen. Wenn es aber neidfrei geäußert wird, nur feststellend und mit einem Gefühl dafür, daß Schulerfolg nicht alles ist, dann kann ich die Meinung vieler Nachbarn und Freunde teilen: Seid doch froh, daß eure Kinder wenigstens keine Probleme mit Schulleistungen haben. Tatsächlich – wenn ich unseren Alltag mit dem anderer Eltern vergleiche, dann haben wir viel Zeit gespart, weil wir nie Hausaufgaben beaufsichtigen, nachsehen und korrigieren müssen. Unsere Kinder bringen zwar ab und zu einmal eine Fünf oder eine Vier nach Hause, von denen wir nicht begeistert sind, aber das weckt keine Sorgen, Ängste und Nöte.

Sehr deutlich positiv nehme ich auch dies wahr: Meine Kinder haben mir sehr früh vermittelt, daß sie nicht von oben herab – von Vater zu Sohn oder Tochter – behandelt werden möchten, sondern daß man sie als Gesprächspartner ernst nehmen kann. Sie haben schon extrem früh auch Kritik an meinem Verhalten geübt – das hat teilweise so weh getan, daß es unmittelbar zur Änderung meines Verhaltens führte. (»Dafür brauchst du mich aber wirklich nicht *so* zu hauen.«) Auch jetzt muß ich jederzeit damit rechnen, daß eine Aussage von mir hinterfragt wird: »Stimmt das auch?« – »Das kann nicht sein.« – »Geht das nicht auch anders?« – »Warum ist das so?« Schön ist: Wenn meine Begründung stimmt, wird das akzeptiert: »Da hast du recht.« Ich bekomme also auch etwas zurück. Ich werde als Gesprächspartner ernst genommen und nicht nur als Vater respektiert. Damit ist durchaus keine kitschige Gleichrangigkeit gemeint: Ich bin nicht der beste Freund meiner Kinder, und meine Frau ist nicht die beste Freundin. Wir geben weiterhin Anweisungen und Einschränkungen, die von den Kindern nicht geschätzt werden, und wir setzen sie durch, wenn wir es für richtig halten. Aber daß wir mit unseren hochbegabten Kindern mehr und auf einer anderen Ebene besprechen können als andere Eltern, scheint für uns offensichtlich zu sein.

Unsere Kinder haben uns im übrigen stärker gemacht: Wir haben gelernt, auch zu Sondermaßnahmen zu stehen, wenn es nötig ist. Wir haben gelernt, Sachen zu tun, die wir für richtig halten, auch wenn wir dafür nicht die Zustimmung der meisten Menschen aus dem privaten Umfeld erhalten. Wir haben gelernt, unsere Wünsche so auszudrücken, daß wir damit keinen anderen beleidigen, aber sie trotzdem durchsetzen können, soweit es geht. Wir können besser Konflikte aushalten. Durch die Auseinandersetzung mit der Hochbegabung unserer Kinder hat sich unser Bekannten- und Freundeskreis etwas verändert. Vereinzelt sind »Freunde« dabei durchs Raster gefallen. Das tut mir nicht leid. Andere, die wir vorher allenfalls als Nachbarn oder Bekannte registriert haben, haben sich als freundschaftlich erwiesen, und es sind auch neue wertvolle Kontakte entstanden, an die sonst nicht zu denken gewesen wäre.

All das hat mir auch etwas Bescheidenheit vermittelt. Meine eigene Überflieger-Schullaufbahn hat mir nichts genutzt: Wir haben unseren Kindern erst dann richtig helfen können, als wir bereit waren, auf andere zu hören und Hilfen und Ratschläge anzunehmen. Darunter waren viele, die sich selbst nicht als hochbegabt begreifen, sondern die einfach die Grundhaltung haben: Jedes Kind hat das Recht, sich so zu entwickeln, wie es seinen Talenten und Fähigkeiten entspricht. Daß dies geschehen kann, dafür sind Erwachsene verantwortlich.

Wie bin ich eigentlich selbst? – Begabung und Hochbegabung bei den Eltern

Das bewußte Erleben, ein hochbegabtes Kind zu haben, läßt niemanden unverändert. Besonders führt es auch einen selbst zur Auseinandersetzung mit der Fragestellung, welchen Wert und Stellenwert Klugheit, Intelligenz und Begabung im Vergleich zu anderen Charaktereigenschaften im Leben eigentlich haben und wie man sich selbst einordnet.

Manche Eltern sagen klar: »Mein Kind ist anders als ich selbst. Nie im Leben habe ich dieses Tempo im Denken, diese Breite des Interesses, diese Schnelligkeit des Lernens, diese besondere Begabung für bestimmte Interessensbereiche besessen.« Damit befinden sie sich in ausgesprochen guter Gesellschaft: So äußerte Henry Collis, der Gründer und Vorsitzende der englischen Gesellschaft für hochbegabte Kinder (NAGC), immer wieder, daß er selbst nicht hochbegabt sei. Auch viele aktive DGhK-Mitglieder weisen es weit von sich, wenn man sie fragt, ob sie selbst hochbegabt sind.

Für beruflichen Erfolg im Leben und für die Möglichkeit, gute bis sehr gute Leistungen zu erlangen, ist ja auf keinen Fall Hochbegabung nötig, sondern neben normaler Begabung andere Eigenschaften wie Fleiß, Durchhaltevermögen, Fähigkeit zum systematischen Arbeiten oder Zielorientiertheit. Und auch für die private Lebensbewältigung ist hohe Begabung in keiner Hinsicht ein Muß. Hier spielen Faktoren wie Kontaktfähigkeit, Freude am Leben, Freundlichkeit, Zuverlässigkeit, positive Ausstrahlung, Durchsetzungsfähigkeit und Konfliktfähigkeit eine viel wichtigere Rolle. Sie wissen auch: Manche dieser Fähigkeiten sind bei Hochbegabung eher schwerer zu entwickeln als bei einer ganz normalen Begabung.

Manche Eltern mit hochbegabten Kindern, besonders wenn sie selbst beruflich nicht »an der Spitze« stehen, neigen dazu, sich selbst klein zu machen und das Kind allzusehr zu bewundern und herauszuheben. Das ist sicher falsch und kann nur dazu führen, daß die Kinder den Wert der Hochbegabung überschätzen, arrogant und überheblich werden und sich möglicherweise als Erwachsene gar ihrer Eltern schämen. Ebenso werden alle Eltern enttäuscht werden, die die Hochbegabung des Kindes dazu ausnutzen wollen, um ihre eigenen Lebensträume zu erfüllen. (»Mein Kind wird es einmal besser haben – es soll schaffen, was ich mir sehnlichst für mich immer gewünscht habe.«)

Positiver Umgang zwischen normal begabten Eltern und ihren hochbegabten Kindern bedeutet etwas anderes. Gerade wenn Sie selbst sich als normal begabt betrachten und sehr genau wissen, daß Ihr Kind hochbegabt ist, könnten Sie ihm dies vermitteln: Es wird von Ihnen, so wie es ist und mit allen seinen Fähigkeiten und Eigenarten, geliebt – aber nicht allein wegen seiner überragenden intellektuellen Kapazitäten geschätzt. Sie können ihm zeigen: Unabhängig von dem, was sich bei Ihrem Kind an Interessensrichtungen entfaltet, sind Sie bereit, es in seiner Eigenart zu fördern und zu unterstützen. Sie bremsen es nicht, weil es »zu weit« ist (manchmal in der geheimen Befürchtung, daß es bald weiter ist als Sie), sondern Sie sind bereit, es so weit in seinem Lernen und seinen Interessen gehen zu lassen, wie es kann. Diese Haltung zu verwirklichen ist weder begabungs- noch einkommensabhängig. In den meisten Fällen (nicht immer) können Eltern mit ihren hochbegabten Kindern während der Grundschulzeit auch thematisch noch mithalten und ihnen Anregung zur Weiterentwicklung und Denkanstöße bieten. Danach wird es immer wichtiger, Hilfe zur Selbsthilfe zu geben, Anstöße also, wie und wo das Kind zur intellektuellen Weiterentwicklung Unterstützung suchen und finden kann. Sie können ihm Vertrauen vermitteln, seinen eigenen Weg zu gehen. (Meine eigenen Eltern, deren Schulausbildung jeweils in acht Klassen Volksschule bestand, sagten mir und meinem Bruder vor dem Besuch des Gymnasiums sehr deutlich: »Wir können keine Fremdsprachen und werden euch auch in anderen Fächern nicht helfen können.« Sie vermittelten uns aber gleichzeitig das sichere Gefühl, daß wir die Anforderungen auch ohne ihre Hilfe schaffen konnten.) Gerade wenn es Ihnen so gelingt, Ihr hochbegabtes Kind zwar zu unterstützen, aber auf die-

sem Hintergrund Ihr ganz normales Leben weiterzuführen, dann hat es möglicherweise mehr als andere die Chance, seine Hochbegabung richtig einzuordnen: als einen wesentlichen und prägenden Faktor in seinem Leben, aber nicht als den einzig wichtigen. Ob eigentlich all jene erwachsenen Menschen damit recht haben, die sich als normal begabt und ausdrücklich als nicht hochbegabt bezeichnen, mag dahingestellt sein: Auffällig ist zumindest, daß unter den »bekennenden Hochbegabten« wieder mehr Männer als Frauen zu finden sind. Das deckt sich mit der bedauerlichen Tatsache, daß sehr viel mehr Jungen als Mädchen als hochbegabt anerkannt werden, obwohl der wirkliche Anteil gleich ist. Auch in der persönlichen Begegnung mit manchen Menschen, die sich selbst nicht als hochbegabt begreifen, drängt sich der Eindruck auf, daß sie es trotzdem sind. Das gilt besonders dann, wenn sie ihre eigene Einschätzung über ihre Fähigkeiten hauptsächlich auf die erzielten beruflichen Erfolge bzw. ihre Ausbildung zurückführen: »Ich bin doch bloß Bürokauffrau.« – »Bei mir hat's zu mehr als Grundschullehrerin nicht gereicht.« Bei näherem Nachfragen stellen sich oft dann Tatsachen auf dem Lebensweg heraus, die zumindest deutliche Zeichen für Hochbegabung sein können. (Bei der Arbeit zu diesem Buch erzählte mir meine jetzt 83jährige Mutter, sie hätte schon bei Schuleintritt lesen können, ohne daß sie jetzt noch wüßte, wer ihr das beigebracht haben soll. Sie sei immer sehr gern in die Schule gegangen, hätte Ferien gehaßt und wäre, bei anderen Zeitläufen, sehr gern weiter zur Schule gegangen.)
Davon einmal abgesehen – es gibt Eltern, denen dann, wenn sie sich näher mit der Hochbegabung ihres Kindes auseinandersetzen, schlagartig klar wird: Ich war als Kind genauso. Ich bin hochbegabt.
In vielen Fällen rührt diese Erinnerung an Wunden und Verletzungen, besonders dann, wenn der Anlaß dafür Schulpro-

bleme wie Kontaktschwierigkeiten und Langeweile sind. Manchmal werden bittere Fragen wach: »Warum habe ich nicht lernen dürfen, was ich wollte?« – »Warum hat niemand gemerkt, daß ich mich dreizehn Jahre gelangweilt habe?« – »Warum ist keinem aufgefallen, wie unglücklich ich als Kind war?« – Anderen fällt es wie Schuppen vor den Augen: »Ich habe mich unverstanden und schuldig gefühlt – in Wirklichkeit war ich immer weiter als die anderen.« – »Ich bin geprägt von dem Gefühl, niemals all das zu schaffen, was ich wirklich tun will. Das liegt an meiner Hochbegabung.« – »Ich bin hektisch, hastig, unruhig – weil mir nie jemand Vertrauen zu mir selbst vermittelt hat.«

Diese Auseinandersetzung mit der eigenen Vergangenheit ist gut und richtig. Sie kann vielfach Erlebnis- und Verhaltensmuster erklären, die einem selbst sonst unverständlich waren. Gefährlich ist es aber, wenn daraus die Haltung entsteht: All das, was mich verletzt hat, will ich meinem Kind ersparen.

Zum einen kann Ihr Kind die Welt anders erleben als Sie selbst. Eine sicherlich hochbegabte Frau erzählte mir, daß sie sich immer genötigt fühlte, ihre fünfjährige Tochter zum Spielen mit anderen Kindern zu animieren, wenn sie ganz alleine auf dem Spielplatz säße und zum Beispiel vor sich hinschaukele. »Ich sehe mich dann immer so sitzen, wie ich selbst war: ein kleines, trauriges, einsames Kind«, sagte sie. Dafür gab es, was ihre Tochter betraf, keine Anhaltspunkte. Sie beobachtete aufmerksam, begierig und sichtlich zufrieden die anderen Kinder. Das einzige, was ihr lästig war, war das Gedrängtwerden durch die Mutter. So ist es in vielen Bereichen: Kinder unterliegen durchaus nicht dem Zwang, bei scheinbar gleichen Erlebnissen etwas Ähnliches zu empfinden wie ihre Eltern früher.

Zum anderen gehören bestimmte Erlebnisse untrennbar zur Hochbegabung dazu. Ein hochbegabtes Kind kann einfach nicht aufwachsen, ohne auch ab und zu auf Unverständnis zu stoßen, ohne sich zu langweilen, ohne seine Interessen und Bedürfnisse nicht völlig befriedigt zu bekommen und ohne in Konflikt damit zu geraten, daß es manchmal mehr will, als es kann oder als während der täglichen vierundzwanzig Stunden möglich ist. Auch wenn ein Kind als hochbegabt erkannt worden ist und auch wenn die Eltern selbst ihre eigene Kindheit als schwierig und bedrückend erlebt haben, bedeutet dies nicht, daß das Kind auf Händen getragen und in Watte gepackt werden muß und ihm jeder Ärger und jede negative Erfahrung vom Hals zu halten sind.

Es muß auf dem Gymnasium auch zeitweilig einen oder mehrere Lehrer ertragen, die nicht erste Wahl sind. Es muß akzeptieren und sich damit auseinandersetzen, daß die elterlichen Finanzkräfte begrenzt sind und das Breitbandinteresse dementsprechend eingeengt und kanalisiert werden muß. Es muß erleben, daß auch die bestgemeinte Förderung ihre Grenzen findet, wenn damit auch die Belange von anderen beeinträchtigt werden oder deren Kräfte überstrapaziert.

All das kann man Hochbegabten nicht ersparen. Man kann allenfalls dazu beitragen, daß sich solche Erfahrungen in Grenzen halten, daß sie durch andere positive Erfahrungen ausgeglichen und bewältigt werden können.

Zu begreifen, daß sich Lebenswege nicht danach aufbauen, was vernünftig, einsichtig, angemessen und begründbar ist, fällt gerade Eltern schwer, die selbst hochbegabt sind. Sie fühlen sehr oft mehr als andere die Verpflichtung, zu korrigieren, geradezustellen und Richtungen vorzugeben. Es macht ihnen Mühe, manche Dinge einfach etwas laufen zu lassen, in der Hoffnung, daß sich daraus etwas Richtiges ergeben könnte, was man momentan noch nicht absehen kann. Sie können nicht nachvollziehen, daß manchmal auch negative Erfahrungen nötig sind, um zu positiven Entwicklungen zu kommen. Wahrscheinlich brauchen Sie deshalb sogar mehr als andere die Hilfen, die durch die Begegnung mit anderen Familien mit hochbegabten Kindern möglich sind.

Über Hochbegabung reden

Es scheint so zu sein, daß Hochbegabung den Lebensweg von Erwachsenen besonders dann negativ geprägt hat, wenn die besonderen Eigenschaften lange Zeit unerkannt geblieben sind oder wenn sie zwar erkannt, aber verschwiegen wurden – bewußt oder unbewußt, schamhaft oder in realistischer Einschätzung der Reaktion der privaten Umwelt.

Daraus folgt: Über seine besondere Situation sollten Sie mit dem hochbegabten Kind reden, in einer Art und Weise, die sowohl seinem intellektuellen Verständnis als auch altersgemäß seiner emotional-sozialen Situation Rechnung trägt.

Hierbei sollten Sie sich als Eltern sehr auf Ihre Intuition verlassen. Vor allem bei Jan und Micha habe ich erfahren, daß sie durch das Überspringen, aber insbesondere auch durch den Kontakt mit anderen hochbegabten Kindern und durch unseren Kontakt mit der DGhK einen Begriff davon bekommen haben, zu einer Minderheit zu gehören, ohne das schlimm zu finden: mit einer Fähigkeit, die ihnen viele Vorteile, aber auch manchen Nachteil einbringen kann.

Micha wimmelt deshalb übergroßes Lob für gute Noten schnell ab: »Ich kann das eben, ist doch nichts Besonderes.« Wichtig an dieser Sicht ist, daß hier nicht die Abwertung im Vordergrund steht (»nichts Besonderes«), sondern das Wissen, daß es selbstverständlich ist, sich auch leistungsmäßig von anderen zu unterscheiden. Aus diesem Selbstbewußtsein heraus ist auch keine Abwertung anderer damit verbunden, wenn Micha sich mit etwas Hilfe ausrechnet, weshalb ein Kettenbriefsystem nicht funktionieren kann, und dann feststellt: »Das werden die anderen nicht verstehen. Ich sag' einfach, ich mach' nicht mit.«

Jan hat sogar in der Schule locker davon erzählt, daß er wohl hochbegabt ist. »Andere aber auch«, hat er dabei betont und (wohl in richtiger Einschätzung) weitere Schulkameraden benannt. Er selbst hat ebenso wie seine Kameraden akzeptiert, daß Menschen sehr unterschiedliche besondere Fähigkeiten haben, ohne sich dadurch in ihren menschlichen Qualitäten zu unterscheiden. Dies drückt sich vielleicht auch darin aus, daß Jan sich einem anderen Jungen aus der Klasse freundschaftlich angeschlossen hat, der als überragender Leistungssportler außerhalb jeden altersgemäßen Vergleichs in unserer Stadt steht.

Silke weiß: Sie ist eben so ein Kind, das so schlau ist, um in der Grundschule mit dem zweiten Schuljahr anzufangen. Daß sie sich überhaupt mit ihrer Besonderheit auseinandersetzt, merken wir vor allem daran, wie intensiv sie auf alle Verschiedenheiten achtet, durch die sich Menschen unterscheiden: Sie hat Zwillinge als Freundinnen, etwas ganz Besonderes, denn Silke wird nie einen Menschen kennenlernen, der exakt aussieht wie sie. Eine andere Spielkameradin hat einen geistig behinderten Bruder. Immer, wenn sie dort war, erfahren wir, was dieser Bruder alles kann (interessanterweise erzählt sie meist nur sehr wenig darüber, was er nicht kann!)

Wenn sich aus der Hochbegabung des Kindes Schwierigkeiten, Einschränkungen und verletzende Erfahrungen ergeben, dann liegt mir selbst nahe, hier nicht erklärend, rationalisierend und rechtfertigend zu reagieren und den Bezug zur Hochbegabung herzustellen. Ob Sie diese Ansicht teilen können, weiß ich nicht: Daß die Lehrerin ein hochbegabtes Kind nicht so oft im Unterricht drannimmt, liegt mit Sicherheit daran, daß die anderen Kinder nicht so schnell sind, auch etwas lernen müssen und Rücksicht brauchen und hier deshalb ein Interessenkonflikt vorliegt. Dem hochbegabten Kind ist aber nicht geholfen, das zu wissen oder ausführlich erläutert zu bekommen. Es muß sich über ein gewisses Maß hinaus nicht in die Situation anderer – und schon gar nicht eines Erwachsenen! – hineindenken. Ihm nützt es mehr, wenn man ihm in solchen Situationen zu Hause besonders viel zuhört und wenn man sich ums mögliche Überspringen kümmert. Wenn frühere Freunde die Interessen eines hochbegabten Kindes nicht mehr teilen und sich Streit, Auseinandersetzungen und Trennungen anbahnen, dann sollte man dem hochbegabten Kind sicher auch auseinanderlegen, daß hierfür auch seine außergewöhnlichen Interessen eine Rolle spielen, ihm die anderen wohl einfach nicht mehr folgen können und es deshalb zu einer Auseinanderentwicklung kommt. Gleichzeitig braucht es Unterstützung, denn auf der gefühlsmäßigen Ebene nützt ihm solches Wissen wenig. Streit, Auseinandersetzung und Trennung wegen auseinanderlaufender Interessen gibt es außerdem überall. Das hochbegabte Kind braucht in solchen Lebenssituationen den Rückhalt, dies durchzustehen, um dann neuen Anschluß dort zu finden, wo seine Interessen geteilt werden. Jemanden zu suchen, der sie teilt, ist allerdings sein gutes Recht – ebenso wie keine anderen gezwungen werden können, seinen Interessen zu folgen, wenn sie nicht mögen. Dann ließe sich sicher auch in einem Gespräch einmal anreißen, weshalb man sich mit manchen Menschen sehr schnell sehr gut versteht: Meist sind sie einem ähnlich.

Das hochbegabte Kind und Geschwister

Jede Familienkonstellation prägt auf ihre besondere Weise. Zwar gibt es Alltagserfahrungen, die darauf hinweisen, daß manche Kinder, die die gleiche Stellung innerhalb der Geschwisterreihe haben, sehr ähnliche Verhaltensweisen zeigen: So wirken erste Kinder oft auf ihre Eltern und auf andere besonders anspruchsvoll und schwierig; das zweite Kind von zweien scheint sich häufig im ständigen Konkurrenzkampf mit dem älteren zu befinden; dritte Kinder wachsen nicht selten scheinbar problemlos und nebenher auf; das zweite Kind von dreien wirkt oft unkompliziert, fröhlich und ausgeglichen, es fühlt sich aber immer etwas vernachlässigt und ungerecht behandelt. Trotzdem ist es auch in jahrzehntelangen Untersuchungen nicht gelungen, hierfür Regeln herauszufinden, die grundsätzlich und für alle gelten. Wie andere Eltern auch, müssen sich deshalb die Eltern hochbegabter Kinder manchmal mit Zuschreibungen ihrer Umwelt herumplagen, die teilweise richtig sein können – aber nicht richtig sein müssen. Diese Zuschreibungen können dabei sehr im Wege stehen, wenn es darum geht, die Entwicklung des Kindes sachgerecht zu beurteilen.

Ganz besonders gilt dies, wenn Ihr hochbegabtes Kind ein Einzelkind ist. »Typisch Einzelkind«, werden Sie hören, und vieles, was Ihr Kind aufgrund seiner Hochbegabung gern tut und eben nicht gern tut, wird auf diesem Hintergrund interpretiert: zum Beispiel seine Fähigkeiten, sich lange und intensiv mit einer Sache zu beschäftigen, seine Vorliebe für den Kontakt mit Erwachsenen, vielleicht auch sein gut ausgestattetes Zimmer mit all den Geräten, die es sich wünscht und für sein Hobby braucht. Daß Sie selbst sich um Ihr einziges Kind ausführlicher kümmern können als um mehrere, wird in diesem Raster interpretiert. Und auch, wenn es wenig Freunde hat, »altklug« redet, anspruchsvoll ist, sehr ausgeprägte Erwartungen, Einstellungen und Verhaltensmuster zeigt, gilt es dann als »typisches Einzelkind« – »ihm fehlt die Möglichkeit, mit Geschwistern seine Grenzen zu erfahren«. Sollte diese Haltung Ihres Gegenübers sehr ausgeprägt sein, kann sie systematisch verhindern, daß die Hochbegabung Ihres Kindes – die ja auch bei Kindern mit Geschwistern zu vergleichbaren Grundhaltungen und Einstellungen führt – überhaupt anerkannt wird. Sie sollten deshalb in Gesprächen, zum Beispiel mit dem Kindergarten oder der Schule, sehr sauber darauf achten, daß die Folgen von Hochbegabung und Einzelkindsituation nicht miteinander verwechselt werden.

Ähnliches kann Ihnen aber auch bei anderen Geschwisterkonstellationen passieren. Solche Interpretationen hören sich dann so oder ähnlich an: »Als Ältester hat er ja nie gelernt, daß andere Kinder etwas besser können. Er überschätzt sich bei weitem und muß nur einmal deutlich seine Grenzen zu spüren bekommen.« – »Als Jüngstes strengt sie sich natürlich besonders an, mit den anderen mitzuhalten. Da bleibt viel hängen, was sie überhaupt noch nicht verstanden hat.« – »Diese Sensibilität und das ausgeprägte Verständnis für andere Menschen hat doch nichts mit Hochbegabung zu tun: Sie hat doch ständig auf ihre vier jüngeren Geschwister aufpassen müssen.« – »Er hat drei Geschwister, die alle schon älter sind und studieren – er versucht sie nachzuahmen.« – »Sie ist vom Ehrgeiz besessen, ihren Bruder zu übertrumpfen, der nur ein Jahr älter ist als sie.«

Manche Menschen beginnen auch erst dann, »typische« Verhaltensweisen eines »Einzelkinds«, eines »typischen Jüngsten« oder eines »typischen dritten Kindes« wahrzunehmen, wenn sie von dieser Situation erfahren. Deshalb kann es oft richtig sein, die Einzelkindsituation und auch alle anderen Geschwisterkonstellationen überhaupt nicht zu erwähnen, wenn nicht danach gefragt wird. Zu groß ist die Gefahr der Fehlinterpretation durch andere – und jedes Kind hat das Recht, in seinen Eigenschaften auch unabhängig davon gesehen zu werden, ob es allein, zu zweit, mit mehreren, als jüngstes, ältestes oder sonstwie aufwächst. (Das gleiche gilt für die Tatsache, daß Sie beim Gespräch mit anderen über Ihr Kind niemandem unbedingt sofort auf die Nase binden müssen, falls Sie gerade frisch geschieden oder alleinerziehend sind – auch das sind Umstände, die von anderen nur zu gern als Interpretation für »auffälliges« Verhalten bei Ihrem hochbegabten Kind herhalten müssen.)

Abgesehen von diesen Zuschreibungen haben Sie aber natürlich auch innerhalb der Familie das besondere Problem, daß Hochbegabung normale geschwisterliche Einstellungen wie Konkurrenz, Neid und Wettbewerb beeinflußt und mitbestimmt.

Grundsätzlich gilt dabei: Die Hochbegabung eines Kindes darf weder als Vorbild nochmals Ansporn für die anderen Kinder der Familie herhalten. Sie darf auch vom Kind selbst nicht gegenüber den Geschwistern als besondere, höherwertige Fähigkeit empfunden werden. Alle Kinder sollten sich innerhalb der Familie in ihrer Eigenart angenommen fühlen, unabhängig von ihren Leistungen und Fähigkeiten.

Diese Balance herzustellen ist nicht immer einfach. Wenn ein einziges Kind in der Familie hochbegabt ist, scheint die Situation dann am umkompliziertesten zu sein, wenn es das älteste Kind ist. Ungerechtfertigte Konkurrenz, Neid und Wettkampf können eigentlich nur dann entstehen, wenn die Eltern aufs Alter bezogene Vergleiche anstellen: »Also – das konnte dein Bruder schon mit fünf.« – »Mit dir muß ich stundenlang sitzen, und deiner Schwester ist das alles nur so zugeflogen.« – »Du bist achtzehn, bis du kapierst, was dein Bruder mit zwölf schon intus hatte.« Auch wenn ein hochbegabtes ältestes Kind allzusehr dazu herangezogen wird, seinen jüngeren Geschwistern etwas zu erklären, wird das von ihnen oft als unangenehm empfunden, und sie reagieren entsprechend. Dabei muß man zusätzlich davon ausgehen, daß das hochbegabte älteste Kind mit seinem besonderen Denkstil eventuell völlig ungeeignet ist, richtig auf die Wissenslücken seiner jüngeren Geschwister einzugehen. Wer aber auf altersbezogene Vergleiche und den Einsatz des hochbegabten älteren Kindes als Elternersatz verzichtet, wird wenig Probleme haben: Einem Ältesten ist sowieso ein Vorsprung zugestanden. Wie groß der dann ist, spielt in aller Regel keine wesentliche Rolle.

Ähnlich unproblematisch kann ein hochbegabtes jüngstes Kind heranwachsen, wenn der Altersabstand zu den Geschwistern deutlich ist – wiederum vorausgesetzt, die Eltern ziehen keine altersbezogenen Vergleiche: »Nun setz dich endlich hin und lerne – die Kleine holt dich sonst in Nullkommanichts noch ein.« – »Nun mußt du dir ja schon wieder mal von deinem kleinen Bruder die Hausaufgaben erklären lassen.« Wenn auf solche Bemerkungen verzichtet wird, dann wird selbst ein herausragendes Spezialistenwissen bei einem deutlich jüngeren Geschwisterkind in ein oder zwei Sachgebieten meist von den anderen Kindern gut toleriert und anerkannt.

Völlig unabhängig von der Einstellung und den Bemerkungen der Eltern und selbst beim besten Bemühen ist aber die Situation nahezu immer schwierig, wenn ein hochbegabtes jüngeres Kind ein Geschwisterkind, das anderthalb bis drei Jahre älter ist, in allen nur denkbaren Leistungsbereichen überholt und übertrumpft. Es ist fast nicht zu verhindern, daß sich hier das jüngere Kind überlegen und überragender fühlt und dies in arrogante, abwertende Verhaltensweisen umsetzt, genauso wie sich das ältere Kind unterlegen und abgewertet fühlt und sich auf seine Weise, zum Beispiel durch körperliche Überlegenheit und entsprechende Angriffe, durchzusetzen versucht. Das ältere Kind trägt in dieser Konstellation oft die deutlicheren Schäden davon. Ähnliches gilt dann, wenn in einer Familie mehrere Kinder, aber nicht alle hochbegabt sind: Auch hier sollte dem normal begabten Kind ganz besondere Aufmerksamkeit und Zuwendung zukommen.

Weil Hochbegabung vor allem dann auftritt, wenn mehrere Faktoren wie Vererbung, Anregung, Förderung, Forderung und äußere Möglichkeiten zusammenkommen, ist es nicht verwunderlich, wenn in manchen Familien alle Kinder hochbegabt sind. Wer das bei sich entdeckt, der braucht nicht zu erwarten, daß dadurch sein Familienleben besonders vernünftig und ruhig verlaufen wird. Besonders anstrengend und turbulent wird es dann, wenn sich die speziellen Interessen in völlig verschiedene Richtungen entwickeln. Im übrigen: Geschwisterstreit, Albernheiten, Lärm und Handgreiflichkeiten kommen meist ebensooft vor wie bei anderen Kindern und in anderen Familien. Einige Eltern von mehreren hochbegabten Kindern können berichten, daß das ungebärdige und ausgelassene Verhalten ihrer Kinder in der Familie völlig im Gegensatz zum Auftreten woanders steht: Dort zeigen sie sich ruhig, ausgeglichen und vernünftig. Das wird daran liegen, daß die Familie der Rückzugsraum ist, in dem die Kinder am besten ihrer Eigenart entsprechend leben können und mit ihren Geschwistern auch durchaus gleichrangige Partner haben. Auffällig ist tatsächlich, daß sich hochbegabte Geschwister weit über Altersgrenzen hinweg echte Gesprächspartner sind und sich gegenseitig über ihre sachlichen Fragen und Anliegen austauschen wie Altersgleiche. Das gilt aber natürlich nur, wenn einmal nicht Streiten, Blödeln und Ärgern angesagt ist. (Eine Frage in diesem Zusammenhang stelle ich nicht nur mir allein, sondern sie scheint auch etlichen anderen Eltern hochbegabter Geschwister unlösbar: Weshalb beschimpfen sich gerade diese Kinder dauernd mit »boh, bist du dumm« – »so was Blödes kannst nur du dir ausdenken« – »geistiger Tiefgang« – »du Idiot« – »du bist ja wirklich völlig geistig weggetreten«? – Wer eine Antwort weiß, möge sie mir über den Verlag zusenden.)

Hinweise für Pädagoginnen und Pädagogen

Sie lesen dieses Buch nicht als Elternteil eines hochbegabten Kindes, sondern als Pädagogin oder Pädagoge – im Kindergarten oder in der Schule? Dann besitzen Sie bereits eine wichtige Eigenschaft, die sich Eltern hochbegabter Kinder von Ihnen wünschen: Sie interessieren sich für etwas Neues, und Sie wollen über einen Problembereich mehr erfahren, der in Ihrer Praxis recht selten auftritt. Sie haben sich durch dieses Buch etwas darin hineinfühlen können, was hochbegabte Kinder und ihre Eltern bewegt. Sie haben nicht nur erfahren, daß pädagogische Institutionen solchen Kindern in bestgemeinter Absicht eher im Wege stehen, sondern auch, daß die Eltern von hochbegabten Kindern oft Unterstützung und Hilfe brauchen.

Dazu können Sie einiges beitragen.

Auf pädagogischen Fortbildungen und in entsprechenden Büchern wird immer wieder vorausgeschickt, daß es für den Umgang mit Kindern und Eltern selbstverständlich keine Rezepte gäbe. Das ist richtig. Trotzdem dient es dann oft nur als Entschuldigung für Ausführungen so allgemeiner Art, daß ein Umsetzen in den Berufsalltag selten möglich ist.

Hier sollen Sie nicht so abgespeist werden. Der Hintergrund für eine erfolgreiche Förderung von hochbegabten Kindern in der Schule ist nahezu immer eine vertrauensvolle Zusammenarbeit mit den Eltern. Ich habe hier als Handlungsanweisung formuliert, was Ihnen als Pädagogin und Pädagoge helfen kann, den Umgang mit einem hochbegabten Kind und seinen Eltern als erfolgreich und befriedigend zu erleben. Diese Hinweise beziehen sich vorzugsweise auf die Möglichkeiten zur Förderung hochbegabter Kinder, die überall und jederzeit machbar sind.

1) Besonders nach langjähriger Berufspraxis haben Sie so viele Kinder kennengelernt, daß Sie wissen: Kinder einer Altersstufe sind nicht vergleichbar. Sie sind auf unvergleichliche Art verschieden. In der ersten Klasse bestehen bei der Einschulung Altersunterschiede bis zu zweieinhalb Jahren; das entsprechende Leistungsspektrum ist noch größer.

Wischen Sie es deshalb nicht einfach beiseite, wenn Ihnen Eltern von erstaunlichen Leistungen ihrer Kinder berichten, die sich möglicherweise nicht unbedingt mit dem decken, was Sie in Ihrer Institution mit diesem Kind erleben. Setzen Sie nicht immer voraus, daß es allein Elternstolz und Karrierewillen sind, was Eltern dazu bringt, frühzeitig über das Lernverhalten eines Kindes zu sprechen.

2) Hören Sie den Eltern aufmerksam zu, denn sie könnten recht haben. Ob Ihnen die Eltern einen Bären aufbinden, werden Sie spätestens nach einiger Zeit merken. Dann ist noch immer Zeit, hierauf zu reagieren. Besonders aufmerksam sollten Sie aber zuhören, wenn Sie spüren, daß die Eltern sich über die herausragenden Leistungen ihres Kindes eher sorgen als freuen, und wenn sie sich mehr Gedanken über das soziale Wohlbefinden als über das Leistungsspektrum ihres Kindes machen. Dies drückt sich unter anderem darin aus, daß diese Eltern eine Leistungsverschlechterung ihres Kindes in Kauf nehmen, zum Beispiel durch Überspringen einer Klasse, um damit das Arbeitsverhalten oder die soziale Stellung des Kindes zu verbessern. Das ist nämlich eine ganz typische Verhaltensweise von Eltern bei Hochbegabung und bei ausschließlich karriereorientierten Eltern nicht zu finden.

3) Hochbegabte erkennt man nicht daran, daß die Eltern perfekt wären: Die Eltern können sich ungeschickt verhalten. Sie können Ihnen gegenüber dumm argumentieren, unfreundlich sein und Ihnen unsympathisch vorkommen. Nichts davon spricht aber dagegen, daß das Anliegen der Eltern berechtigt sein kann und dem Kind geholfen werden muß.

4) Hochbegabte Kinder sind keine Wunderkinder, die in allen Bereichen alles können und sich immer richtig verhalten. Einzelne Fehlleistungen sprechen nicht gegen Hochbegabung, vor allem nicht Unordentlichkeit und Ungeschicklichkeit, die vor allem ein Ausdruck sind, daß die visuell-motorische Koordination dieses Kindes mit seiner intellektuellen Entwicklung nicht Schritt hält. Auch Verhaltensweisen, die Ihnen vielleicht eigenartig und merkwürdig vorkommen, schließen Hochbegabung nicht aus, im Gegenteil: Manches davon ist geradezu ein Ausdruck dessen, wie ein Kind auf seine Hochbegabung reagiert. Halten Sie es deshalb bitte für möglich, daß ein Kind hochbegabt sein könnte, auch wenn Sie es zur Zeit nicht so sehen.

5) Sie sind Kindergärtnerin oder Erzieher, Lehrerin oder Lehrer, aber Sie haben keine therapeutischen Aufgaben. Hüten Sie sich deshalb vor psychologisierenden Deutungen des Verhaltens eines Kindes, vor allem vor kurzschlüssigen Deutungen von Auffälligkeiten. Es ist auch nicht Ihre Aufgabe, ein Kind zu ändern, das Ihnen eigenartig vorkommt. Ihre Aufgabe ist es, das Kind in seiner Eigenart anzunehmen und aufmerksam zu beobachten, wie es sich im Lauf der Zeit – auch durch Ihre Hilfe und Unterstützung – seinen ihm eigenen Weg sucht.

6) Vielleicht sind Sie aber auch die erste Person, die Hinweise auf eine Hochbegabung entdeckt. Weisen Sie dann die Eltern frühzeitig darauf hin, wenn Sie selbst den Eindruck haben, ein ganz besonders begabtes Kind vor sich zu haben,

ohne daß die Eltern das schon gemerkt hätten. Verwenden Sie nicht sofort den Begriff »Hochbegabung« – aber erläutern Sie den Eltern, daß ein Kind dauernd unterfordert sein kann und deshalb vielleict Sondermaßnahmen und Unterstützung benötigt.

7) Unterstützen Sie die Eltern darin, dem Kind keine Lern- und Denkverbote zu erteilen, sondern es sich nach seinen eigenen Bedürfnissen und Interessen entwickeln zu lassen. Es schadet der seelischen Entwicklung eines vier- oder fünfjährigen Kindes, wenn es sich Lesen und Schreiben aneignen möchte und ihm das verboten wird. Was für sexuelle Themen mittlerweile selbstverständlich ist, sollte auch für naturwissenschaftliche, religiöse und philosophische Fragestellungen gelten, wenn sie vom Kind selbst kommen: Es gibt kein Alter, in dem dem Kind nicht auf seinem Verständnisniveau auf seine eigenständigen Fragen geantwortet werden darf, weil es dafür angeblich zu jung ist. Es gibt keinen Grund, ein Kind nicht zu unterstützen, das eine Fremdsprache erlernen möchte, bloß weil diese Sprache in der Schule erst in ein paar Jahren »dran« ist.

8) Haben Sie selbst keine Angst. Sie brauchen sich mit dem Problemkreis Hochbegabung nicht überfordert zu fühlen. Sie müssen sich auch nicht selbst herausragende pädagogische Fähigkeiten zugestehen, um auf hochbegabte Kinder richtig reagieren zu können. Beim Umgang mit Hochbegabten machen Sie als Pädagogin oder Pädagoge hauptsächlich nur dann etwas falsch, wenn Sie versuchen, das Kind zu korrigieren und in das Raster einer Normalvorstellung zu zwängen.

9) Akzeptieren Sie die Ergebnisse der Forschungen über hochbegabte und andere talentierte Kinder. Tragen Sie selbst im Gespräch mit Kolleginnen, Kollegen und Eltern dazu bei, daß bekannt wird: Zwei Drittel aller Kinder sind nach einer frühzeitigen Einschulung auf Antrag in der Schule so erfolgreich, daß sie keine Klasse wiederholen müssen. Für alle

Kinder, die im Kindergarten bereits mehr können, als man von Schulanfängern üblicherweise erwartet, ist eine frühe Einschulung unbedingt angezeigt, sinnvoll und erfolgreich: Solche Kinder erkennt man im allgemeinen daran, daß sie einigermaßen lesen können, in Druckbuchstaben lautierend schreiben und ohne Hilfe von Anschauungsmaterial im Zahlenraum bis zwanzig rechnen. Unterstützen und ermutigen Sie als Kindergärtnerin oder Kindergärtner in solchen Fällen die Eltern, ihr Kind frühzeitig auf Antrag einzuschulen. Stehen Sie zu dieser Ermutigung, indem Sie Ihre entsprechenden Beobachtungen und Informationen über das Kind bei Bedarf an die aufnehmende Schule weiterleiten.

10) Dieselben Forschungsergebnisse gelten auch für das Überspringen einer Klasse. Diese Maßnahme geht in den seltensten Fällen schief und hat den Kindern, bei denen sie durchgeführt wurde, nahezu immer geholfen. Übersprungen werden könnte viel häufiger. Hochbegabung ist nicht einmal die Voraussetzung dafür, genausowenig wie ein Einserzeugnis. Ein Kind, das in der Grundschule eindeutig einen Wissensvorsprung von mehr als einem Jahr hat, ohne daß dafür vorrangig eine fleißige und zielstrebige Mutter verantwortlich ist, die tagtäglich Schulaufgaben mit dem Kind macht und zusätzliche Förderprogramme durchzieht, kann eine Klasse überspringen. Dasselbe gilt für einen Gymnasialschüler, der in allen Fächern Noten zwischen 1 und 3 erreicht, dafür nach Angaben der Eltern keinen häuslichen Einsatz bringt und in der Schule oft auch noch unaufmerksam, abgelenkt und unruhig erscheint. Wenn die gesetzlichen Regelungen im jeweiligen Bundesland es nicht ausdrücklich verbieten, sollte immer dann übersprungen werden, wenn die Unterforderung des Kindes ganz offensichtlich ist – also auch mitten im Schuljahr.

11) Widerstand gegen das Überspringen kommt nicht selten von den Eltern, insbesondere am Gymnasium. Bereiten Sie

die Eltern langfristig darauf vor, wenn Sie den Eindruck haben, daß das Kind überspringen könnte. Sprechen Sie aber auch frühzeitig mit Ihrer Schulleitung über das, was Sie den Eltern vorschlagen wollen.

12) Nehmen Sie den Eltern unter Bezug auf die Forschungsergebnisse Angst und Besorgnis. Vermitteln Sie Ihnen die Überzeugung: Überspringen gelingt in den meisten Fällen. Nach wenigen Wochen und Monaten, manchmal auch erst nach anderthalb bis zwei Jahren, befinden sich die Kinder wieder im oberen Leistungsdrittel der neuen Klasse, meist aber mit verändertem und positiverem Arbeitsverhalten.

13) Stellen Sie weder den Eltern noch dem Kind noch Ihren Kolleginnen und Kollegen gegenüber das Überspringen als etwas herausragend Besonderes dar. Für das Überspringen sind keine Tests, Gutachten, Überprüfungen oder ähnliches nötig. Umgeben Sie den Vorgang nicht mit der Glorie des nahezu Einmaligen. Das gilt vielleicht für Ihre Schule, ansonsten aber nicht. Erzeugen Sie auch keine unnötigen Spannungen beim Kind und bei den Eltern, indem Sie den Probecharakter und die Ausnahmesituation zu sehr betonen.

14) Vor allem die Eltern anderer Kinder reagieren auf das Überspringen mit Unverständnis. Die Eltern eines hochbegabten Kindes und das Kind selbst haben nach dem Überspringen deshalb meist erhebliche Schwierigkeiten durch die Reaktionen anderer Eltern. Deshalb ist es gut gemeint, aber falsch, Eltern oder Überspringerkinder selbst vor dem Überspringen oder kurz danach in Kontakt mit den Eltern anderer Kinder zu bringen, zum Beispiel auf Klassenpflegschaften und Klassenfesten. Die dort erfolgende Reaktion grenzt oft an Mobbing. Die Reaktion auf das Überspringen normalisiert sich aber meist nach wenigen Wochen. Ermutigen Sie die Eltern zu Geduld und zum Aushalten von Spannungen.

15) Ermutigen Sie hochbegabte Kinder zur Teilnahme an schulübergreifenden Wettbewerben.

16) Motivieren Sie Ihre Schulleitung und Ihre Kolleginnen und Kollegen, differenzierende Maßnahmen für hochbegabte Kinder und andere Schülerinnen und Schüler mit besonderen Lernvoraussetzungen als selbstverständlich anzusehen und sie durchzuführen, wo immer sie schulorganisatorisch möglich sind und von den Eltern unterstützt werden, zum Beispiel die Teilnahme in einzelnen Fächern am Unterricht höherer Klassenstufen.

17) Kindergarten und Schule sind wichtige Lebensbereiche der Kinder. Trotzdem sind Sie als Pädagogin und Pädagoge nicht für das verantwortlich, was im Elternhaus geleistet werden sollte und worum sich die Eltern selbst zu kümmern haben. Beratung und Hilfe können Sie den Eltern nur soweit geben, wie es im Zusammenhang mit der Entwicklung des Kindes in Ihrer Institution steht. Verzichten Sie auf Interventionen oder Interventionsversuche, die in den Berufsbereich von Psychologen oder Therapeuten gehören. Weisen Sie deshalb zu Ihrer eigenen Entlastung Eltern hochbegabter Kinder auch auf andere Beratungs-, Hilfs- und Informationsmöglichkeiten hin, vor allem auf die Deutsche Gesellschaft für das hochbegabte Kind oder andere entsprechende Vereinigungen.

18) Akzeptieren Sie es, wenn Sie Eltern begegnen, die aufgrund der aktiven Mitarbeit in der Deutschen Gesellschaft für das hochbegabte Kind oder in anderen entsprechenden Vereinigungen Ihnen gegenüber einen deutlichen Wissensvorsprung über den Problembereich Hochbegabung haben. Niemand darf von Ihnen erwarten, daß Sie in allen pädagogischen Fragen kompetent sind. Bemühen Sie sich darum auch nicht, diesen Eindruck zu erzeugen. Sie können solche Eltern deshalb ohne Gesichtsverlust bitten, Sie mit Informationsmaterial zu versorgen. Sie sollten auch bereit sein, sich

Hinweise auf Fördermöglichkeiten innerhalb des Unterrichts oder innerhalb der Schule anzuhören, sie zu bedenken und umzusetzen, wo immer es möglich ist – wenn Sie Bedenken haben, auch erst einmal versuchsweise. Oft können Sie dabei erfahren, daß kompetente Ratschläge von informierten Eltern Ihnen den unterrichtlichen Umgang mit dem hochbegabten Kind erheblich erleichtern können. Sprechen Sie mit den Eltern vorzugsweise über die konkrete Situation: das hochbegabte Kind in Ihrer Klasse. Einmischungen in Grundsätze Ihrer Unterrichtsplanung können Sie sich aber genauso verbitten wie Wünsche um eine bevorzugte Sonderbehandlung, die eindeutig auf Kosten anderer Kinder gehen würde. Auch Diskussionen über grundsätzliche Fragen zum pädagogischen Umgang mit Hochbegabten und über gesellschaftspolitische Implikationen sollten Sie sich nicht aufzwingen lassen.

19) Nutzen Sie selbst Möglichkeiten zur Fortbildung und Information über Hochbegabung. Lesen Sie auch die praxisnahen Darstellungen in den pädagogischen Fachzeitschriften für Ihre Berufsgruppe, und tragen Sie im Lauf der nächsten Jahre dazu bei, daß in Ihrer Institution die Belange Hochbegabter mehr berücksichtigt werden können.

Schlußbemerkungen

Alle Gedanken und Überlegungen dieses Buchs habe ich selbst zu verantworten. Sie stellen auf keinen Fall eine allgemeine Sicht der Deutschen Gesellschaft für das hochbegabte Kind dar.

Ich spreche mich dabei aber sehr positiv über die DGhK aus, und diejenigen, die mir mit kritischem Manuskriptlesen wichtige Hilfestellung leisteten, haben mich darauf hingewiesen, daß hier als Hintergrund werbliche Absicht vermutet werden könnte.

Deshalb will ich betonen: Zum Erstellen dieses Buches bin ich von der DGhK weder aufgefordert noch ermuntert worden. Über Privatkontakte hinaus ist auf keiner Ebene der DGhK etwas vom Entstehen dieses Buchs bekannt. Weder in einer Ortsgruppe noch in einem Regionalverband und schon gar nicht auf Bundesebene bin ich aktiv oder in irgendeinem Vorstand, nicht einmal als Beisitzer oder Kassenprüfer. Ich bin in der DGhK ganz einfaches Mitglied. Vereinzelt besuchen meine Kinder, meine Frau oder ich Veranstaltungen der DGhK. Mehrfach haben wir telefonisch oder brieflich um einen konkreten Rat gebeten und ihn erhalten. Ansonsten tue ich das, was jedes einfache Mitglied tun kann: Ich lese die Veröffentlichungen der DGhK regelmäßig und gebe sie weiter. Im privaten und beruflichen Umfeld verschweige ich das Problemfeld Hochbegabung nicht, sondern ich rede darüber. Ich melde mich, wenn in einer Veröffentlichung der

Regionalgruppe oder im »Labyrinth« irgend jemand nach Informationen zu einem Bereich fragt, über den ich vielleicht etwas weiß. Das mache ich nicht so sehr, weil ich immer denke, daß ich das Richtige weiß, sondern weil ich der Meinung bin, daß mein Gegenüber darüber entscheiden darf, ob meine Ansicht für ihn wichtig sein kann. Ich stehe auch zur Verfügung, wenn jemand von mir etwas wissen will über spezielle Erfahrungen und Interessensgebiete meiner Kinder.

Der intensive Vergleich von Selbsthilfegruppen, wie sie im Bereich von Krankheiten existieren, mit der DGhK weist auf den Hintergrund meiner Einstellung hin: Für meine Unterstützung von Selbsthilfearbeit spielen meine privaten und beruflichen Erfahrungen eine erhebliche Rolle. Ich habe mehrfach solche Gruppen als unschätzbare, kompetente und effiziente Hilfe erleben dürfen – für mich und für andere. Dabei bevorzuge ich Gruppen, die ihre Ansichten offen für alle darstellen, ohne ideologische Scheuklappen und ohne den Anschein, den Stein der Weisen im jeweiligen Bereich gefunden zu haben. Dies gilt auch für die DGhK: Zum Glück werden dort unterschiedliche Meinungen toleriert, diskutiert und besprochen – aber auch ertragen, wenn sie nicht ohne weiteres aus dem Weg zu räumen sind. (Aber – und auch um diesen Hinweis bin ich gebeten worden: Wenn Sie Pech haben, können Sie genauso wie in allen anderen Selbsthilfegruppen auch in der DGhK vereinzelt auf inkompetente Leute stoßen, denen Selbsthilfearbeit ein Vorwand ist, sich selbst in den Vordergrund zu spielen.)

Zu dem, was in diesem Buch steht, werden sicher in einzelnen Punkten oder auch in weiteren Bereichen andere Leute anderer Meinung sein, die sich als Eltern, Pädagoginnen oder Pädagogen, Wissenschaftlerinnen oder Wissenschaftler mit dem Thema auseinandersetzen. Diese Meinungen sollen hier nicht völlig unter den Tisch gekehrt werden. Zwar bin ich mir sicher, daß ich mich in weiten Teilen in Übereinstimmung befinde mit den Ergebnissen pädagogischer, psychologischer und soziologischer Forschung zum Thema Hochbegabung, wenn ich hier versucht habe, ohne ständige Rückgriffe auf Forschungsergebnisse und kontroverse Diskussionen einmal sehr alltäglich, praxisnah und konsequent aus Elternsicht zu beschreiben, was mir für den Umgang mit hochbegabten Kindern in den ersten zwölf Lebensjahren wichtig erscheint und was nicht.

In weiten Teilen – aber sicher nicht immer.

Ich respektiere sehr, daß es eine nicht zu vernachlässigende Anzahl von Leuten gibt, die Förderung von Hochbegabten vorrangig auch als Leistungsförderung sehen, um damit eine intellektuell und sozial optimal funktionierende Leistungselite heranzuziehen: zur Sicherung des Standards von Forschung, Wissenschaft und Wirtschaft und zur kompetenten Leitung eines demokratischen Staates mit seinen vielfältigen und immer differenzierter werdenden Aufgaben. Aus dieser Sicht erscheint jede Vernachlässigung von Hochbegabtenförderung wie eine Verschwendung unschätzbarer Ressourcen. Der Lebenslauf eines Hochbegabten, der seinen Unterhalt eher mühsam mit hochqualifizierten Beiträgen im Kabarett- oder Kleinkunstbereich verdient oder als Autor von Büchern, die zwar hochgelobt werden, aber ohne jede Verdienstmöglichkeit in einem kleinen Verlag mit Hunderterauflage erscheinen – so ein Lebensweg wirkt aus dieser Sicht als Scheitern.

Ich respektiere auch die Sicht derjenigen Eltern, die mit ihren hochbegabten Kindern in der Schule, trotz besten Bemühens um eine angemessene Verständigung, extrem schlechte Erfahrungen gemacht haben. Sie haben deshalb eine deutlich pessimistische Sicht auf Fördermöglichkeiten im bestehenden Schulsystem und verlangen sehr viel intensiver Sondermaßnahmen für Hochbegabte – vor allem auch eine Beschulung in Sonderklassen für Hochbegabte, Sonderschulen für Hochbegabte und die Möglichkeit der gänzlichen oder teilweisen Befreiung von der Schulpflicht. Ein Mittelweg wäre es, wenn im Sinne des Konzepts von »exceptional children« auch hochbegabte Kinder mit Problemen im Grundschulbereich jene zusätzliche Unterstützung erhalten würden, die im Zug des »gemeinsamen Unterrichts« für behinderte Kinder zunehmend selbstverständlicher wird.

Und auch das kann ich sehr gut verstehen: In Familien, wo das hochbegabte Kind weder im privaten Umfeld noch im Kindergarten oder Schule erhebliche Probleme hat, besteht verbreitet die Neigung, keinen Handlungsbedarf zu sehen. Eine tendenzielle Unterforderung und eine sich verfestigende oberflächliche Arbeitshaltung wird einfach mit der Haltung hingenommen: »Was wir auch tun würden – es bringt mehr Unruhe und Probleme, als zur Zeit bestehen.« Dieser Einstellung begegnet man auch in Familien mit mehreren hochbegabten Kindern. Während eines der Problemträger ist, läßt man die anderen so mitlaufen. Auf wen sich die Aufmerksamkeit konzentriert, das kann in solchen Familien wechseln. (Bei uns persönlich ist es Micha, bei dem wir heilfroh sind, zumindest im Moment keinen zwingenden Anlaß sehen zu müssen, irgend etwas zu tun.)

Alle Standpunkte sind einleuchtend und können gut begründet werden. Gar nicht respektieren kann ich aber die Sicht derjenigen, die das Phänomen Hochbegabung zwar sehen, aber nicht seine Problematik und den entsprechenden Handlungsbedarf. Sie tun dementsprechend die Anliegen und Forderungen betroffener Eltern als Luxusprobleme ab, die man von der Größenordnung und von der Qualität her ruhig vernachlässigen kann.

Daß meine Beschreibungen und Ansichten in diesem Buch in allen Einzelheiten von jedem geteilt werden können, ist also weder gewollt noch gewünscht. Viel zu groß ist ja die persönliche Prägung der Sicht auf die Dinge.

Die häufigen Beispiele aus meinem privaten Umfeld mögen Ihnen vielleicht gar nicht so überaus besonders, herausragend und deutlich Hochbegabung kennzeichnend vorkommen. Das ist gut so: Ich wollte vermitteln, daß sich Hochbegabung im familiären Alltag vor allem in der Häufung von einzelnen Ereignissen widerspiegelt, von denen jedes für sich allein kein Beweis für Hochbegabung ist, aber ein Puzzleteil im Gesamtbild.

Auch die vereinzelt gewählten Vergleiche sind ja nur erläuternde Hilfskonstruktionen, die das Verständnis für Ihre Lebenssituation und die Ihres Kindes erhöhen sollen, so auch mein angeführtes Beispiel, daß ein hochbegabtes Kind einem Lottosechser gleicht.

Dort, wo Ihnen solche Vergleiche nicht einleuchten, finden Sie sicher für sich selbst andere analoge Beispiele, die Ihnen und Ihrer persönlichen Situation näher liegen und Ihnen genauso helfen können, sich in Ihr Kind hineinzudenken und Ihre eigene Situation besser zu verstehen.

Anderen wird das allzu große Verständnis für die Situation und für die verbreitete Unkenntnis über Hochbegabung bei Lehrern erst einmal komisch und unangemessen vorkommen. Ausschlaggebend dafür ist meine persönliche Lebenserfahrung. Ich selbst habe immer wieder durch freundliche Einfühlung in den anderen erheblich mehr erreicht als durch kämpferisches und machtvolles Auftreten, selbst dann, wenn ich zur Absicherung meines Standpunktes anwaltliche Hilfe verwendet habe. Möglicherweise sind Sie aber ein Mensch, der auch von vornherein durch eine sehr direkte und fordernde Weise bewirken kann, daß die anderen ihm zuhören und seine Meinung teilen. Dann gibt es keinen Grund, Ihre Vorgehensweise zu ändern (spätestens aber dann, wenn Sie hiermit keinen Erfolg haben).

Auch viele konkrete Beispiele stammen aus meinem persönlichen Lebensbereich, also einem kleinstädtischen überschaubaren Milieu. Sie sind dadurch geprägt, daß ich nicht nur eins, sondern drei hochbegabte Kinder habe, von denen wenigstens bei zweien das einmalige Überspringen einer Klasse bereits eine wesentliche Hilfe war. (Ob das beim dritten Kind ausreichend sein wird, da bin ich mir noch nicht so sicher, aber ich freue mich schon jetzt zu wissen, daß ich auch hierin Hilfe bekommen werde.)

Sie haben aber sicher manches anders erfahren und erlebt als ich. Wenn Sie sich selbst sehr für Naturwissenschaften und Mathematik interessieren und entsprechendes Wissen haben, wenn Sie sehr sportbegeistert sind, wenn Sie häufig Theater oder Kunstausstellungen besuchen, wenn Sie ein Computerfreak sind, wenn Sie mit Ihrem Kind in einer Großstadt leben, wenn Sie alleinerziehend sind, wenn Sie sehr reich sind oder ziemlich arm – in jedem Einzelfall wächst dann Ihr Kind mit einem anderen Hintergrund auf als meine Kinder. Trotzdem können meine Überlegungen grundsätzlich auch für Sie richtig bleiben, und Sie sollten bereit sein, dies auf Ihre Lebenssituation zu übertragen.

Bitte beurteilen Sie mein Buch außerdem nach dem, was darin steht – und nicht nach dem, was Sie vermissen. Es ist unmöglich, in einem Buch, das vom Umfang und vom Inhalt her lesbar bleiben soll, sämtliche Aspekte des Bereichs Hochbegabung auch nur anzureißen. Es gibt schon jetzt etliche gute Publikationen zum Thema. Manche von ihnen sind allerdings schon vergriffen und nur noch in Bibliotheken erhältlich; andere werden möglicherweise nicht mehr aufgelegt. Außerdem werden mit Sicherheit in der nächsten Zeit noch mehr erscheinen. Deshalb wäre es nicht sinnvoll, in diesem Rahmen Empfehlungen zum Weiterlesen auszusprechen: Die Informationen, die Ihnen fehlen, sollten Sie selbst aktiv suchen.

Zu großer Vorsicht und Skepsis gegenüber dem, was ich hier schreibe, rate ich besonders dann, wenn sich Ihre Situation *sehr deutlich* von den hier geschilderten Beispielen unterscheidet. Das gilt insbesondere,

1. wenn Ihr Kind selbst im Rahmen der Hochbegabten noch auffällige Spitzenleistungen erbringt, wenn es zum Beispiel schon mit zweieinhalb Jahren liest, Tests einen Intelligenzquotienten von über 150 ergeben und der Abstand von Wissen und Denkfähigkeit im Vergleich zu Gleichaltrigen einen Vorsprung von deutlich mehr als zwei Jahren ergibt,

2. wenn Sie selbst oder der andere Elternteil sich als hochbegabt betrachten und in diesem Zusammenhang unter den Verletzungen der eigenen Kindheit so sehr leiden, daß es Ihnen nicht gelingt, die Entwicklung Ihres Kindes wenigstens einigermaßen auch aus der reifen Eltern- und Erwachsenenperspektive zu betrachten – insbesondere dann, wenn Sie oder der andere Elternteil in diesem Zusammenhang in therapeutischer Behandlung sind,

3. wenn Ihr Kind bereits wegen Verhaltensstörungen oder wegen eindeutig psychosomatischer Erkrankungen im Zusammenhang mit der Hochbegabung in therapeutischer Behandlung ist oder wenn es trotz nachgewiesener Hochbegabung in der Schule vollkommen versagt,

4. und wenn von mehreren Kindern ein einziges hochbegabt ist – vor allem dann, wenn es ein jüngeres Kind ist, das jetzt schon oder in Kürze ein älteres Geschwisterkind leistungsmäßig deutlich überflügelt.

In allen Fällen können Sie sich nicht darauf verlassen, daß sich die hier vorgezeichnete Problematik irgendwie und irgendwann schon von selbst regelt. Sie brauchen sicher mehr, früher und intensiver Hilfe und Unterstützung als andere, wahrscheinlich auch durch fachliche Beratung über den Rahmen einer Selbsthilfegruppe hinaus. Auch hierbei können Ihnen die richtigen Anlaufstellen aber sicher über die DGhK schneller und besser vermittelt werden, als wenn Sie auf eigene Faust herumfragen.

Außerdem bin ich der festen Überzeugung: Auch in diesen Fällen bleibt der Kontakt zu Gleichbetroffenen hilfreich und nützlich – für beide Seiten, denn neben dem, was man selbst lernt, sollte man nie unterschätzen, was andere aus den eigenen Schwierigkeiten und Erfahrungen lernen können:

Ihre schlechten Erfahrungen ersparen anderen vielleicht Umwege und Irrwege, Ihre guten Erfahrungen können andere möglicherweise direkt umsetzen, die sonst noch lange nicht auf die jeweilige gute Idee gekommen wären. Tragen Sie deshalb mit Ihren Erfahrungen und Erlebnissen dazu bei, daß in Zukunft nicht mehr für hochbegabte Kinder nahezu zwangsläufig ein schwieriger Lebensweg vorprogrammiert ist. Ich wünsche Ihnen und Ihren Kinder alles Gute.

Februar 1997   Werner Thomas

Adresse

Deutsche Gesellschaft für das hochbegabte Kind (DGhK)
Sondershauser Straße 80
12249 Berlin
Telefon 030/711 77 18